Best of

BLECH-KUCHEN

Eine Auswahl des Dr. Oetker Konditormeisters

Schnelles
Backen

Im Eigenverlag Dr. Oetker GmbH, 9500 Villach
Dr. Oetker Rezeptdienst: Konditormeister Erhard Klug-Hudritsch
Konzeption und Gestaltung: Susanne Apfler Werbeberatung, Wien &
Rainer Kumpfhuber, Wien

Fotos: Robert Behr, Klagenfurt: S. 69;
Thomas Diercks, Hamburg: S. 26, 29, 42, 45, 50, 54, 57, 61, 62, 65, 66, 70, 73, 74, 81, 86, 90, 101, 102, 105, 106, 109, 110, 117, 122, 125;
Studio Eisenhut & Mayer, Wien: S. 9, 14, 21, 33, 34, 35, 38, 46, 58, 77, 85, 93, 97, 114;
Ulli Hartmann, Halle: S. 30, 78, 89;
Adrian Hipp, Wernberg: S. 41;
Ulrich Kopp, Sindelfingen: S. 13, 49, 121;
Kramp & Gölling, Hamburg: S. 16/17;
Bernd Lippert: S. 10, 98, 113;
Axel Struwe, Bielefeld: S. 94, 118;
Norbert Tolle, Bielefeld: S. 22;
Brigitte Wegener, Bielefeld: S. 18, 25, 37, 53, 82;

Druck: Ueberreuter Print GmbH, Korneuburg
ISBN: 978-3-902432-09-4
Erstausgabe 2013, alle Rechte vorbehalten

Impressum:
Dr. Oetker GmbH, Postfach 19, 9500 Villach, Telefon: 04242/55 4 54-0,
E-Mail: service@oetker.at, Internet: www.oetker.at

Best of BLECHKUCHEN

Best of BLECHKUCHEN

Blechkuchen gehören zu den absoluten Lieblingen der Mehlspeis-küche. Sie lassen sich einfach zubereiten, müssen meist nur kurz in den Backofen und vor allem schmecken sie köstlich.

Für dieses Buch hat der Dr. Oetker Konditormeister <u>aus den bisherigen Dr. Oetker Backbüchern die besten Blechkuchen-Rezepte ausgesucht</u> und zu einem **„Best of"** vereint. Damit haben Sie künftig immer schnell das richtige Rezept parat. Egal ob **Klassiker, einfach, fruchtig oder cremig** – mit diesen Kreationen werden Sie begeistern und bestimmt auch das eine oder andere Kompliment ernten.

Vom klassischen Marillenkuchen, dem super-schnellen Schüttelkuchen oder dem königlichen Bananenbiskuit über flinke Mandelschnitten und flotten Kaffeekuchen bis hin zum verführerischen Früchtebeet-Kuchen und dem unwiderstehlichen Pudding-Apfeltraum – bei dieser Auswahl bleiben keine Wünsche offen.

Gutes Gelingen wünscht der
Dr. Oetker Konditormeister

Rezepte, Tipps und Infos
Dr. Oetker Versuchsküche
Tel.: 00800 – 71 72 73 74
(gebührenfrei)
www.oetker.at • service@oetker.at

Qualität ist das beste Rezept.

Dieses Buch gehört:

Abkürzungen

KL = Kaffeelöffel
EL = Esslöffel
Ø   = Durchmesser
g   = Gramm
kg = Kilogramm
ml = Milliliter
l   = Liter
Std. = Stunde(n)
Min. = Minute(n)
Sek. = Sekunde(n)
Stk. = Stück
Pck. = Päckchen
Pkg. = Packung
ca. = circa

gelingt leicht

aufwendiger

etwas Übung erforderlich

Becherkuchen

Haselnuss-Nougat-Creme = z. B. Nutella
Kakaopulver (süß) = Trinkkakaopulver, z. B. Nesquik
Kakaopulver (ungesüßt) = ungezuckertes Kakaopulver, z. B. Bensdorp

Inhaltsverzeichnis

Geschenkanhänger & Dekor-Ideen

Geschenk aus meiner Küche

Süßes Dankeschön

Schokolade macht glücklich!

Du bist mein Kuchen-Tiger

Für

Für die Kaffeejause

Für Naschkatzen

Best of BLECHKUCHEN

Zum Verzieren Ihrer süßen Köstlich-keiten: gewünschtes Motiv kopieren, ausschneiden und eventuell beschriften.

Bei Verwendung als Anhänger das Motiv lochen und mit Geschenkband, Bast oder Spagat an das Mitbringsel binden.

Sehr hübsch ist es auch, wenn Sie zum Beispiel einzelne Kuchenstücke in eine schöne Schachtel mit Geschenkanhänger legen und gute Freunde oder nette Kollegen damit beschenken. Aber auch jede Kuchentransportbox lässt sich damit ganz einfach schmücken.

Die Geschenkanhänger können auch zum Dekorieren verwendet werden: ausgeschnittene Motive beidseitig auf Spieße oder Lollipop-Stiele kleben und als Dekoration direkt in den Kuchen oder die Kuchenstücke stecken.

Selbst
gebacken
—
nur für Dich!

_ _ _ _ _ _ _ _ _

Frisch
aus dem
Ofen

Selbst
gebacken!

Von

Für

Mit Liebe
gebacken!

Lass es Dir schmecken

Für
Dich!

Kirsch-Grießfleck

ZUTATEN

Streusel

180 g	gesiebtes glattes Mehl
50 g	Zucker
100 g	Margarine
2 EL	Milch

Grieß-Kirsch-Belag

1/4 l	Milch
40 g	Butter
150 g	feinster Grieß (Kindergrieß)
40 g	weiche Butter
4	Dotter
1 Pck.	Dr. Oetker Vanillin-Zucker
1/2	Fläschchen Dr. Oetker Aroma Zitrone
30 g	Staubzucker
360 g	abgetropfte Kompott-kirschen
4	Eiklar
40 g	Zucker

Zum Verzieren

etwas	flüssige Dr. Oetker Weiße Schoko-Geschmack-Glasur

ZUBEREITUNG

1. Für die Streusel die Zutaten der Reihe nach in eine Rührschüssel geben und zwischen den Händen zu Streuseln verreiben.
Die Streusel gleichmäßig auf ein befettetes Backblech (30 x 35 cm) streuen und etwas andrücken.

   Das Blech in die Mitte des vorgeheizten Rohres schieben.

Strom:	**180 Grad**
Heißluft:	160 Grad
Gas:	Stufe 3
Backzeit:	**ca. 10 Min.**

2. Für den Belag Milch mit Butter und Grieß unter Rühren aufkochen. Vom Herd nehmen und etwas abkühlen lassen. Butter mit Dottern, Vanillin-Zucker, Aroma und Staubzucker mit dem Handmixer (Schneebesen) schaumig rühren. Den erkalteten Grießbrei mit dem Kochlöffel einrühren. Die Kirschen kurz unterheben. Eiklar mit Zucker steif schlagen und unterheben.
Den Belag gleichmäßig auf den erkalteten Streuselboden streichen.

   Das Blech in die untere Hälfte des Rohres schieben.

Strom:	**180 Grad**
Heißluft:	160 Grad
Gas:	Stufe 3
Backzeit:	**ca. 30 Min.**

3. Die Glasur in ein Spritztütchen geben und den erkalteten Kuchen damit verzieren.

   In Stücke geschnitten servieren.

Best of BLECHKUCHEN

Tipp: Den Kompottsaft wenn nötig
mit Wasser auf 1/2 l ergänzen.

Kirschkuchen mit Mandeldecke

ZUTATEN

Spezial-Mürbteig

450 g	glattes Mehl
1 Pck.	Dr. Oetker Backpulver
200 g	Gervais (Frischkäse)
1/8 l	Milch
1/8 l	Speiseöl
100 g	Zucker
1 Pck.	Dr. Oetker Vanillin-Zucker
1	Prise Salz

Zum Bestreuen

3 EL	Semmelbrösel

Kirschenfüllung

2 Pck.	Dr. Oetker Puddingpulver Vanille-Geschmack
100 g	Zucker
1/2 l	Kompottsaft
4 EL	Kirschschnaps
720 g	abgetropfte Kompott-sauerkirschen

Mandelbelag

80 g	Butter
100 g	Zucker
1 Pck.	Dr. Oetker Vanillin-Zucker
125 g	Mandelstifte

ZUBEREITUNG

1. Für den Teig Mehl mit Backpulver vermischen und in eine Rührschüssel sieben. Die übrigen Zutaten der Reihe nach dazugeben und mit dem Handmixer (Knethaken) zu einem Teig verkneten. In Folie gewickelt ca. 40 Min. kalt stellen.

   Die Hälfte des Teiges auf einer bemehlten Arbeitsfläche oder einem befetteten Backblech (30 x 35 cm) ausrollen und mit einer Gabel mehrmals einstechen. Mit Semmelbröseln bestreuen.

2. Für die Füllung Puddingpulver mit Zucker und Kompottsaft – statt Milch – unter Rühren zu einem Pudding kochen. Vom Herd nehmen und Schnaps und Kirschen in den noch heißen Pudding einrühren. Die Füllung auf dem Mürbteigboden verteilen. Den übrigen Teig auf einer bemehlten Arbeitsfläche rechteckig (30 x 35 cm) ausrollen und auf die Kirschenfüllung geben.

3. Für den Belag Butter mit Zucker, Vanillin-Zucker und Mandelstiften unter Rühren zu einer kompakten Masse erwärmen. Vom Herd nehmen und auf der Teigoberfläche verteilen.

   Das Blech in die untere Hälfte des vorgeheizten Rohres schieben.

Strom:	**180 Grad**
Heißluft:	160 Grad
Gas:	Stufe 3
Backzeit:	**ca. 35 Min.**

   Vor dem Servieren in kleine Stücke schneiden.

Marillenkuchen

ZUTATEN

Mürbteig

200 g	glattes Mehl
1 KL	Dr. Oetker Backpulver
100 g	Staubzucker
1 Pck.	Dr. Oetker Vanillin-Zucker
100 g	weiche Butter
1	Ei

Zum Bestreichen

120 g	Marillenmarmelade

Biskuitmasse

4	Eier
2 EL	heißes Wasser
120 g	Zucker
1 Pck.	Dr. Oetker Vanillin-Zucker
80 g	glattes Mehl
1 Pck.	Dr. Oetker Puddingpulver Vanille-Geschmack
1 KL	Dr. Oetker Backpulver

Zum Belegen & Bestreuen

900 g	abgetropfte Kompott-marillen
etwas	Staubzucker

Tipp: In der Marillenzeit frische Marillen verwenden.

ZUBEREITUNG

1. Für den Teig Mehl mit Backpulver vermischen und in eine Rührschüssel sieben. Die übrigen Zutaten der Reihe nach dazugeben und mit dem Handmixer (Knethaken) zu einem Teig verkneten. In Folie gewickelt ca. 40 Min. kalt stellen.

Den Teig auf einer bemehlten Arbeitsfläche oder einem befetteten Backblech (30 x 35 cm) ausrollen.

Das Blech in die untere Hälfte des vorgeheizten Rohres schieben.

Strom:	**200 Grad**
Heißluft:	180 Grad
Gas:	Stufe 4
Backzeit:	**ca. 8 Min.**

2. Den Mürbteigboden mit Marmelade bestreichen.

3. Für die Biskuitmasse Eier mit Wasser, Zucker und Vanillin-Zucker mit dem Handmixer (Schneebesen) cremig aufschlagen. Mehl mit Puddingpulver und Backpulver vermischen, darübersieben und mit dem Kochlöffel unterheben. Die Masse gleichmäßig auf den Mürbteigboden streichen.

4. Die Marillen darauf verteilen und das Blech nochmals in die Mitte des vorgeheizten Rohres schieben.

Strom:	**200 Grad**
Heißluft:	180 Grad
Gas:	Stufe 4
Backzeit:	**ca. 25 Min.**

5. Den abgekühlten Kuchen mit Staubzucker leicht bestreuen und in Stücke geschnitten servieren.

Marillenfleck mit Schneehaube

Eiklarverwertung

ZUTATEN

Germteig

300 g	griffiges Mehl
1 Pck.	Dr. Oetker Germ
1	Prise Salz
1	Dotter
70 g	Zucker
1 Pck.	Dr. Oetker Vanillin-Zucker
5	Tropfen Dr. Oetker Aroma Zitrone
50 g	zerlassene Butter
1/4 l	lauwarme Milch

Zum Belegen

1 kg	halbierte, entsteinte Marillen
etwas	Zimt-Zucker

Schneehaube

4	Eiklar
100 g	Zucker

Tipp: Kuchen mit Schneehaube immer kurz nach dem Backen mit einem befeuchteten Messer in Stücke schneiden, bevor die Schneehaube durch das Stehen leicht zäh wird.

ZUBEREITUNG

1. Für den Teig das Mehl in eine Rührschüssel sieben und mit der Germ gut vermischen. Die übrigen Zutaten der Reihe nach dazugeben und mit dem Handmixer (Knethaken) zu einem sehr weichen Teig verkneten. Den Teig auf ein befettetes Backblech (30 x 35 cm) streichen.

2. Die Marillen – mit der Schnittfläche nach oben – auf dem Teig verteilen und mit Zimt-Zucker bestreuen. Zugedeckt an einem warmen Ort ca. 15 Min. gehen lassen.

   Das Blech in die Mitte des vorgeheizten Rohres schieben.

Strom:	**200 Grad**
Heißluft:	180 Grad
Gas:	Stufe 4
Backzeit:	**ca. 20 Min.**

3. Für die Schneehaube Eiklar aufschlagen, den Zucker nach und nach dazugeben und steif schlagen. Den Eischnee in einen Spritzbeutel mit Sterntülle füllen und auf den Kuchen spritzen.

   Das Blech zum Flämmen nochmals in die Mitte des Rohres schieben.

Strom:	**210 Grad**
Heißluft:	190 Grad
Gas:	Stufe 4 – 5
Flämmzeit:	**auf Sicht (ca. 7 Min.)**

   Den Marillenfleck kurz überkühlen lassen und in Stücke schneiden.

Bunter Beeren-Kuchen

ZUTATEN

Sandmasse
125 g	weiche Butter
100 g	Staubzucker
1 Pck.	Dr. Oetker Vanillin-Zucker
1 Pck.	Dr. Oetker Aroma Finesse Zitronenschale
3	Eier
130 g	glattes Mehl
2 KL	Dr. Oetker Backpulver
70 g	Mandelblättchen

Zum Bestreichen & Belegen
100 g	Ribiselmarmelade
600 g	geschälte, entkernte Äpfel

Marzipanguss
300 g	Crème fraîche
200 g	grob geriebene Marzipanrohmasse
1 Pck.	Dr. Oetker Bourbon-Vanille-Zucker
2	Eier
1 EL	Maisstärke

Zum Belegen & Bestreuen
300 g	gemischte Beeren (tiefgekühlt)
einige	Mandelblättchen

ZUBEREITUNG

1. Für die Masse Butter mit Staubzucker, Vanillin-Zucker und Aroma mit dem Handmixer (Schneebesen) cremig rühren. Die Eier einzeln einrühren. Mehl mit Backpulver vermischen, darübersieben und mit den Mandelblättchen mit dem Kochlöffel unterheben.
Die Masse auf ein befettetes Backblech (30 x 35 cm) streichen.

Das Blech in die Mitte des vorgeheizten Rohres schieben.

Strom:	**180 Grad**
Heißluft:	160 Grad
Gas:	Stufe 3
Backzeit:	**ca. 20 Min.**

2. Den warmen Kuchen mit Marmelade bestreichen. Die Äpfel vierteln und darauf verteilen.

HKUCHEN

3. Für den Guss die Zutaten der Reihe nach in eine Rührschüssel geben und mit dem Handmixer (Schneebesen) glatt rühren. Den Guss auf dem Kuchen verteilen. Die Beeren darauf verteilen und mit Mandelblättchen bestreuen.

Das Blech nochmals in die Mitte des vorgeheizten Rohres schieben.

Strom: **180 Grad**
Heißluft: 160 Grad
Gas: Stufe 3
Backzeit: **ca. 20 Min.**

Den Kuchen in Stücke geschnitten servieren.

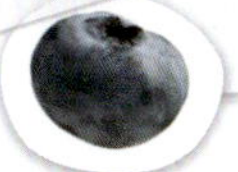

Riffelkuchen

ZUTATEN

Germteig

380 g		glattes Mehl
1 Pck.		Dr. Oetker Germ
100 g		Zucker
etwas		Zimt
1 Pck.		Dr. Oetker Vanillin-Zucker
1 Pck.		Dr. Oetker Aroma Finesse Zitronenschale
1		Ei
300 ml		lauwarmes Wasser
70 g		weiche Butter

Schwarzbeerbelag

750 g		Schwarzbeeren
50 g		zerlassene Butter
5 EL		Semmelbrösel
100 g		Zimt-Zucker
2 Pck.		Dr. Oetker Tortengelee klar

Zum Bestreuen

etwas   Staubzucker

ZUBEREITUNG

1. Für den Teig das Mehl in eine Rühr-schüssel sieben und mit der Germ gut vermischen. Die übrigen Zutaten der Reihe nach dazugeben und mit dem Handmixer (Knethaken) zu einem glatten Teig verkneten.
Zugedeckt an einem warmen Ort so lange gehen lassen, bis er doppelt so hoch ist.

   Den Teig nach dem Gehen zusammen-stoßen (flach drücken und von links und rechts zur Mitte hin einschlagen). Auf einer bemehlten Arbeitsfläche oder einem befetteten Backblech (30 x 35 cm) ausrollen.

2. Für den Belag Schwarzbeeren mit den übrigen Zutaten vermischen und auf dem Teig verteilen. An einem warmen Ort ca. 20 Min. gehen lassen.

   Das Blech in die untere Hälfte des vor-geheizten Rohres schieben.

Strom:	**200 Grad**
Heißluft:	180 Grad
Gas:	Stufe 4
Backzeit:	**ca. 25 Min.**

3. Den noch warmen Kuchen mit Staub-zucker bestreuen.

   Vor dem Servieren in Stücke schneiden.

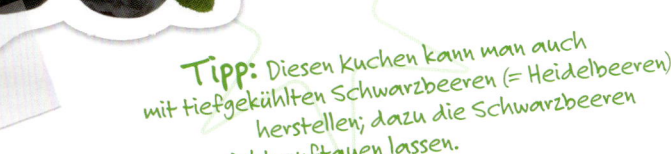

Tipp: Diesen Kuchen kann man auch mit tiefgekühlten Schwarzbeeren (= Heidelbeeren) herstellen, dazu die Schwarzbeeren nicht auftauen lassen.

Pflaumenfleck

ZUTATEN

Dinkel-Rührteig

200	g	weiche Butter
180	g	Rohrzucker
1	Pck.	Dr. Oetker Bourbon-Vanille-Zucker
1	Pck.	Dr. Oetker Aroma Finesse Zitronenschale
1		Prise Salz
4		Eier
250	g	Speisetopfen (10 %)
260	g	Dinkelvollkornmehl
1/2	Pck.	Dr. Oetker Backpulver

Pflaumenbelag

1	kg	Pflaumenhälften

Zum Bestreichen

100	g	Marillenmarmelade
1/8	l	Wasser

ZUBEREITUNG

1. Für den Teig Butter mit Rohrzucker, Vanille-Zucker, Aroma und Salz mit dem Handmixer (Schneebesen) schaumig rühren. Die Eier einzeln einrühren. Den Topfen unterrühren.
Mehl mit Backpulver vermischen, mit einem groben Sieb darübersieben und mit dem Kochlöffel unterrühren.
Den Teig auf ein befettetes Backblech (30 x 35 cm) streichen.

2. Die Pflaumen 3-mal einschneiden und mit der Schnittfläche nach oben auf dem Teig verteilen.

Das Blech in die untere Hälfte des vorgeheizten Rohres schieben.

Strom:	**180 Grad**
Heißluft:	160 Grad
Gas:	Stufe 3
Backzeit:	**ca. 25 Min.**

3. Marmelade mit Wasser unter Rühren aufkochen und den noch warmen Kuchen damit bestreichen.

Den Pflaumenfleck vor dem Servieren in Stücke schneiden.

Apfelspalten-Kuchen

ZUTATEN

Germteig

450 g	glattes Mehl
1 Pck.	Dr. Oetker Germ
70 g	Zucker
etwas	Zimt
1	Fläschchen Dr. Oetker Aroma Rum
1	Prise Salz
1	Ei
1/4 l	lauwarme Milch
100 g	zerlassene Butter

Topfen-Apfel-Belag

1 kg	Speisetopfen (10 %)
1/8 l	Milch
4	Eier
150 g	Zucker
1 Pck.	Dr. Oetker Vanillin-Zucker
1 1/2 kg	geschälte, entkernte Äpfel

Zum Bestreuen

etwas	Staubzucker

ZUBEREITUNG

1. Für den Teig das Mehl in eine Rührschüssel sieben und mit der Germ gut vermischen. Die übrigen Zutaten der Reihe nach dazugeben und mit dem Handmixer (Knethaken) zu einem glatten Teig verkneten.
Zugedeckt an einem warmen Ort so lange gehen lassen, bis er doppelt so hoch ist.

   Den Teig nach dem Gehen zusammenstoßen (flach drücken und von links und rechts zur Mitte hin einschlagen). Auf einer bemehlten Arbeitsfläche oder einem befetteten Backblech (30 x 35 cm) ausrollen.

2. Für den Belag Topfen mit Milch, Eiern, Zucker und Vanillin-Zucker verrühren. Den Belag auf dem Teig verteilen. Die Äpfel in Spalten schneiden und auf dem Belag verteilen. Das Ganze ca. 20 Min. gehen lassen.

   Das Blech in die untere Hälfte des vorgeheizten Rohres schieben.

Strom:	**200 Grad**
Heißluft:	180 Grad
Gas:	Stufe 4
Backzeit:	**ca. 30 Min.**

3. Den noch warmen Kuchen mit Staubzucker bestreuen und in Stücke geschnitten servieren.

Knusper-Apfelkuchen

ZUTATEN

Mürbteig

350	g	gesiebtes glattes Mehl
200	g	weiche Butter
120	g	Staubzucker
1	Pck.	Dr. Oetker Vanillin-Zucker
1		Messerspitze Zimt
1		Ei

Apfelbelag

1,2	kg	geschälte, entkernte Äpfel

Vanille-Obers-Guss

1/2	l	flüssiges Schlagobers
4		Eier
1	Pck.	Dr. Oetker Puddingpulver Vanille-Geschmack
70	g	Zucker

Krokant

100	g	Zucker
100	g	Mandelblättchen

ZUBEREITUNG

1. Für den Teig die Zutaten der Reihe nach in eine Rührschüssel geben und mit dem Handmixer (Knethaken) zu einem Teig verkneten.
   In Folie gewickelt ca. 40 Min. kalt stellen.

   Den Teig auf einer bemehlten Arbeitsfläche oder einem befetteten Backblech (30 x 35 cm) ausrollen.

   Das Blech in die Mitte des vorgeheizten Rohres schieben.

   Strom: **200 Grad**
   Heißluft: 180 Grad
   Gas: Stufe 4
   Backzeit: **ca. 8 Min.**

2. Die Äpfel vierteln, an der Oberfläche leicht einschneiden und auf den Kuchen legen.

3. Für den Guss alle Zutaten verrühren und über die Äpfel gießen.

   Das Blech nochmals in die Mitte des Rohres schieben.

   Strom: **200 Grad**
   Heißluft: 180 Grad
   Gas: Stufe 4
   Backzeit: **ca. 30 Min.**

4. Für den Krokant den Zucker in einer beschichteten Pfanne unter Rühren hellbraun schmelzen und die Mandelblättchen einrühren. Die Masse auf ein Backpapier schütten und erkalten lassen.

   Den erkalteten Krokant zwischen Backpapier mit dem Rollholz zerkleinern und auf den noch warmen Kuchen streuen.

   Vor dem Servieren in Stücke schneiden.

Kissenkuchen

ZUTATEN

All-in-Sandmasse

220 g		glattes Mehl
1 Pck.		Dr. Oetker Puddingpulver Vanille-Geschmack
1/2 Pck.		Dr. Oetker Backpulver
120 g		Zucker
2 Pck.		Dr. Oetker Aroma Finesse Orangenschale
3		Eier
125 g		zerlassene Butter
5 EL		Orangensaft

Topfenbelag

500 g		Speisetopfen (20 %)
300 g		Crème fraîche
1 Pck.		Dr. Oetker Puddingpulver Vanille-Geschmack
1 Pck.		Dr. Oetker Aroma Finesse Orangenschale
2		Dotter
2 EL		Zucker
3 EL		Orangensaft
2		Eiklar

Zum Bestreuen

etwas	Staubzucker

ZUBEREITUNG

1. Für die Masse Mehl mit Puddingpulver und Backpulver vermischen und in eine Rührschüssel sieben. Die übrigen Zutaten der Reihe nach dazugeben und mit dem Handmixer (Schneebesen) glatt rühren. Die Masse auf ein befettetes Backblech (30 x 35 cm) streichen und mit einem Kochlöffelstiel ein Gitter in die Masse ziehen.

2. Für den Belag Topfen mit Crème fraîche, Puddingpulver, Aroma, Dottern, Zucker und Orangensaft verrühren.
Eiklar steif schlagen und mit dem Kochlöffel unterheben.
Den Belag in einen Spritzbeutel mit kleiner glatter Tülle füllen und in das Gitter spritzen.

Das Blech in die untere Hälfte des vorgeheizten Rohres schieben.

Strom:	**180 Grad**
Heißluft:	160 Grad
Gas:	Stufe 3
Backzeit:	**ca. 30 Min.**

3. Den erkalteten Kuchen mit Staubzucker bestreuen und in Stücke geschnitten servieren.

Zupfblech

ZUTATEN

Mürbteig

400 g	glattes Mehl
2 KL	Dr. Oetker Backpulver
40 g	Kakaopulver (ungesüßt)
200 g	Staubzucker
2 Pck.	Dr. Oetker Vanillin-Zucker
2	Eier
250 g	weiche Butter

Topfenbelag

1 kg	Speisetopfen (10 %)
200 g	Staubzucker
2 Pck.	Dr. Oetker Vanillin-Zucker
2 Pck.	Dr. Oetker Puddingpulver Vanille-Geschmack
4	Eier
350 g	zerlassene Butter

ZUBEREITUNG

1. Für den Teig Mehl mit Backpulver und Kakao vermischen und in eine Rühr-schüssel sieben. Die übrigen Zutaten der Reihe nach dazugeben und mit dem Handmixer (Knethaken) zu einem Teig verkneten.
In Folie gewickelt ca. 40 Min. kalt stellen.

   2/3 des Teiges auf einer bemehlten Arbeitsfläche oder einem befetteten Backblech (30 x 35 cm) ausrollen.

2. Für den Belag die Zutaten der Reihe nach in eine Rührschüssel geben und mit dem Handmixer (Schneebesen) glatt rühren. Den Belag gleichmäßig auf den Teig streichen.

3. Den übrigen Teig in beliebige Stücke zupfen und auf der Oberfläche verteilen.

   Das Blech in die untere Hälfte des vor-geheizten Rohres schieben.

Strom: **170 Grad**
Heißluft: 150 Grad
Gas: Stufe 2 – 3
Backzeit: **ca. 45 Min.**

Vor dem Servieren in Stücke schneiden.

Rosinen-Topfenkuchen

ZUTATEN

Mürbteig

200	g	glattes Mehl
1/2	Pck.	Dr. Oetker Backpulver
2	EL	gesiebtes Kakaopulver (ungesüßt)
100	g	geriebene Mandeln
100	g	Zucker
1	Pck.	Dr. Oetker Vanillin-Zucker
100	g	weiche Butter
1		Ei
1	EL	Wasser

Topfenbelag

500	g	Speisetopfen (10 %)
150	g	Zucker
1	Pck.	Dr. Oetker Aroma Finesse Zitronenschale
1	Pck.	Dr. Oetker Puddingpulver Vanille-Geschmack
70	g	weiche Butter
4		Eier
200	g	Rosinen

Streusel

150	g	gesiebtes glattes Mehl
1/2	Pck.	Dr. Oetker Backpulver
1	Pck.	Dr. Oetker Puddingpulver Vanille-Geschmack
200	g	Zucker
70	ml	Speiseöl
3	EL	Wasser

Tipp: Die Rosinen über Nacht in Rum einweichen.

ZUBEREITUNG

1. Für den Teig Mehl mit Backpulver vermischen und in eine Rührschüssel sieben. Die übrigen Zutaten der Reihe nach dazugeben und mit dem Handmixer (Knethaken) zu einem Teig verkneten. In Folie gewickelt ca. 40 Min. kalt stellen.

   Den Teig auf einer bemehlten Arbeitsfläche oder einem befetteten Backblech (30 x 35 cm) ausrollen.

2. Für den Belag alle Zutaten der Reihe nach in eine Rührschüssel geben und verrühren. Den Belag gleichmäßig auf den Teig streichen.

3. Für die Streusel alle Zutaten der Reihe nach in eine Rührschüssel geben und zwischen den Händen zu Streuseln verreiben. Die Streusel auf dem Belag verteilen.

   Das Blech in die Mitte des vorgeheizten Rohres schieben.

Strom:	**180 Grad**
Heißluft:	160 Grad
Gas:	Stufe 3
Backzeit:	**ca. 35 Min.**

   Den Rosinen-Topfkuchen in Stücke geschnitten servieren.

Topfenwelle

ZUTATEN

Sandmasse

300 g		weiche Butter
300 g		Staubzucker
1	Pck.	Dr. Oetker Vanillin-Zucker
1/2		Fläschchen Dr. Oetker Aroma Rum
4		Dotter
1/16 l		Milch
6		Eiklar
400 g		glattes Mehl
1	Pck.	Dr. Oetker Backpulver
2	EL	gesiebtes Kakaopulver (ungesüßt)

Topfenmasse

500 g		Speisetopfen (20 %)
2		Dotter
1	Pck.	Dr. Oetker Vanillin-Zucker
3	EL	Staubzucker

Zum Bestreuen

etwas	Staubzucker

ZUBEREITUNG

1. Für die Masse Butter mit Staubzucker, Vanillin-Zucker und Aroma mit dem Handmixer (Schneebesen) schaumig rühren. Die Dotter einzeln einrühren. Die Milch nach und nach dazugeben.
Eiklar steif schlagen und zur Buttermasse geben.
Mehl mit Backpulver vermischen, darübersieben und mit dem Kochlöffel unterheben.
Die Hälfte der Masse auf ein befettetes, bemehltes Backblech (30 x 35 cm) streichen.
Den Kakao mit dem Kochlöffel unter die übrige Masse rühren.

2. Für die Topfenmasse alle Zutaten der Reihe nach in eine Rührschüssel geben und verrühren.
Die Topfenmasse auf der hellen Sandmasse verteilen und leicht wellenförmig verstreichen. Die dunkle Sandmasse daraufstreichen.

Das Blech in die untere Hälfte des vorgeheizten Rohres schieben.

Strom:	**160 Grad**
Heißluft:	140 Grad
Gas:	Stufe 2
Backzeit:	**ca. 60 Min.**

4. Den erkalteten Kuchen mit Staubzucker bestreuen und in Stücke schneiden.

Polsterlkuchen Dotterverwertung

ZUTATEN

Biskuitmasse

5	Dotter
200 g	Staubzucker
1/8 l	Wasser
1/8 l	Speiseöl
320 g	glattes Mehl
1 Pck.	Dr. Oetker Backpulver
5	Eiklar
100 g	Zucker

Topfenmasse

750 g	Speisetopfen (20 %)
4	Dotter
1 Pck.	Dr. Oetker Vanillin-Zucker
300 g	Staubzucker
1 Pck.	Dr. Oetker Aroma Finesse Zitronenschale
1 Pck.	Dr. Oetker Puddingpulver Vanille-Geschmack

ZUBEREITUNG

1. Für die Masse Dotter mit Staub-
zucker und Wasser mit dem
Handmixer (Schneebesen) cremig
rühren. Das Speiseöl nach und nach
dazugeben. Mehl mit Backpulver ver-
mischen, darübersieben und mit dem
Kochlöffel unterrühren.
Eiklar aufschlagen, den Zucker nach und
nach dazugeben und steif schlagen. Den
Eischnee unterheben.
Die Masse auf ein befettetes, bemehltes
Randblech (30 x 35 cm) streichen.

2. Für die Topfenmasse die Zutaten der
Reihe nach in eine Rührschüssel geben
und glatt rühren. Die Masse in einen
Spritzbeutel mit mittlerer glatter Tülle
füllen und ein Gitter auf die Biskuitmasse
spritzen.

Das Blech in die untere Hälfte des vorgeheizten Rohres schieben.

Strom:	**180 Grad**
Heißluft:	160 Grad
Gas:	Stufe 3
Backzeit:	**ca. 40 Min.**

Den Kuchen vor dem Servieren in Stücke
schneiden.

Schüttelkuchen

ZUTATEN

All-in-Sandmasse

300 g		gesiebtes glattes Mehl
1/2 Pck.		Dr. Oetker Backpulver
250 g		Staubzucker
1 Pck.		Dr. Oetker Bourbon-Vanille-Zucker
180 g		geriebene Wal- oder Haselnüsse
1/4 l		starker Kaffee
4		Eier
180 g		zerlassene Butter

Zum Bestreichen

200 g	heiße Ribiselmarmelade
3 EL	Cassis (schwarzer Johannisbeerlikör)

Zum Glasieren

1	Becher flüssige Dr. Oetker Kakaoglasur

ZUBEREITUNG

1. Für die Masse Mehl mit Backpulver vermischen und in eine verschließbare Schüssel (ca. 3 l Inhalt) sieben. Die übrigen Zutaten der Reihe nach dazugeben. Die Schüssel verschließen und kräftig (20 – 30 Sek.) schütteln.

   Die Masse kurz verrühren und auf ein befettetes, bemehltes Backblech (30 x 35 cm) streichen.

   Das Blech in die Mitte des vorgeheizten Rohres schieben.

Strom:	**180 Grad**
Heißluft:	160 Grad
Gas:	Stufe 3
Backzeit:	**ca. 25 Min.**

2. Die Marmelade mit Likör verrühren. Den warmen Kuchen damit bestreichen und ca. 1/2 Std. kalt stellen.

3. Den Kuchen mit Glasur bestreichen und kalt stellen.

   Vor dem Servieren in Stücke schneiden.

Pudding-Bienenstich

ZUTATEN

Germteig

370	g	Universal-Mehl
1	Pck.	Dr. Oetker Germ
50	g	Zucker
1	Pck.	Dr. Oetker Vanillin-Zucker
1		Prise Salz
1		Ei
200	ml	lauwarme Milch
50	g	zerlassene Butter

Mandelbelag

150	g	Butter
150	g	Zucker
1	Pck.	Dr. Oetker Vanillin-Zucker
200	g	Mandelblättchen

Pudding-Obers-Creme

1	Pck.	Dr. Oetker Puddingpulver Vanille-Geschmack
50	g	Zucker
1/4	l	Milch
1/4	l	flüssiges Schlagobers
1	Pck.	Dr. Oetker Sahnesteif

ZUBEREITUNG

1. Für den Teig das Mehl in eine Rührschüssel sieben und mit der Germ gut vermischen. Die übrigen Zutaten der Reihe nach dazu-geben und mit dem Handmixer (Knethaken) zu einem glatten Teig verkneten.
Zugedeckt an einem warmen Ort so lange gehen lassen, bis er doppelt so hoch ist.

Den Teig nach dem Gehen zusammen-stoßen (flach drücken und von links und rechts zur Mitte hin einschlagen). Auf einer bemehlten Arbeitsfläche oder einem befetteten Backblech (30 x 35 cm) aus-rollen.

2. Für den Belag Butter mit Zucker und Vanillin-Zucker unter Rühren erhitzen. Die Mandeln dazugeben und kurz durchrühren. Vom Herd nehmen, etwas abkühlen lassen und auf der Hälfte des Teiges gleichmäßig verteilen.

Das Blech in die untere Hälfte des vor-geheizten Rohres schieben.

Strom:	**200 Grad**
Heißluft:	180 Grad
Gas:	Stufe 4
Backzeit:	**ca. 18 Min.**

4. Für die Creme Puddingpulver mit Zucker und Milch unter Rühren zu einem Pudding kochen. Unter mehrmaligem Umrühren erkalten lassen.
Schlagobers mit Sahnesteif aufschlagen und unter den erkalteten Pudding rühren.

5. Die Gebäckplatte der Breite nach halbieren. Die Puddingcreme auf die Hälfte ohne Belag streichen. Mit der zweiten Hälfte abdecken und ca. 1/2 Std. kalt stellen.

Den Kuchen vor dem Servieren in Stücke schneiden.

Königliches Bananenbiskuit

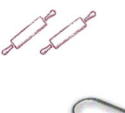

ZUTATEN

Biskuitmasse

6	Dotter
1 Pck.	Dr. Oetker Vanillin-Zucker
8	Eiklar
300 g	Zucker
200 g	glattes Mehl

Zum Beträufeln

1 EL	Cointreau (Orangenlikör)

Zum Bestreichen & Belegen

100 g	Marillenmarmelade
900 g	geschälte, in Scheiben geschnittene Bananen

Puddingcreme

1 Pck.	Dr. Oetker Puddingpulver Vanille-Geschmack
3 EL	Zucker
1/4 l	Milch
2	Dotter
100 g	Zucker
1 Pck.	Dr. Oetker Bourbon-Vanille-Zucker
200 g	weiche Butter

Zum Glasieren

1	Becher flüssige Dr. Oetker Vollmilchglasur
40 g	flüssige Butter

ZUBEREITUNG

1. Für die Masse Dotter mit Vanillin-Zucker mit dem Handmixer (Schneebesen) schaumig rühren. Eiklar aufschlagen, den Zucker nach und nach dazugeben und steif schlagen. Den Eischnee zur Dottermasse geben. Das Mehl darübersieben und mit dem Kochlöffel unterheben.

Die Masse auf ein mit Backpapier ausgelegtes Backblech (30 x 35 cm) streichen.

Das Blech in die Mitte des vorgeheizten Rohres schieben.

Strom: **180 Grad**
Heißluft: 160 Grad
Gas: Stufe 3
Backzeit: **ca. 18 Min.**

Das erkaltete Biskuit auf ein Kuchenblech stürzen und das Backpapier abziehen.

2. Das Biskuit mit Cointreau beträufeln, mit Marmelade bestreichen und mit Bananenscheiben belegen.

3. Für die Creme Puddingpulver mit Zucker und Milch unter Rühren zu einem Pudding kochen. Vom Herd nehmen und unter mehrmaligem Umrühren erkalten lassen. Dotter mit Zucker, Vanille-Zucker und die Hälfte der Butter unter den Pudding rühren.
Die übrige Butter mit dem Handmixer (Schneebesen) schaumig rühren und die Puddingmasse unter Rühren esslöffelweise dazugeben. Die Creme mit einem warmen Messer auf die Bananen streichen. Den Kuchen ca. 1 Std. kalt stellen.

4. Die Glasur mit Butter verrühren und auf die Creme streichen. Den Kuchen kalt stellen.

Vor dem Servieren in Stücke schneiden.

Kirschquadrate

ZUTATEN

Schüttel-Sandmasse

300 g		glattes Mehl (2 Becher)
3 KL		Dr. Oetker Backpulver
170 g		Zucker
		(3/4 Becher + 2 EL)
1 Pck.		Dr. Oetker Vanillin-Zucker
4		Eier
1		Prise Salz
1/2		Fläschchen Dr. Oetker Aroma Bittermandel
5 EL		Amaretto (Mandellikör)
150 g		flüssige Butter
		(1/2 Becher + 2 EL)
50 g		geraspelte Marzipan-rohmasse

Zum Belegen & Bestreuen

700 g		abgetropfte Kompott-sauerkirschen (2 Gläser)
50 g		geraspelte Marzipan-rohmasse

Kirschglasur

150 g		gesiebter Staubzucker (1 1/4 Becher)
3 EL		Kompottsaft

ZUBEREITUNG

1. Für die Masse Mehl mit Backpulver vermischen und in eine verschließbare Schüssel (ca. 3 l Inhalt) sieben. Zucker, Vanillin-Zucker, Eier, Salz, Aroma, Amaretto und Butter dazugeben. Die Schüssel verschließen und kräftig (20 – 30 Sek.) schütteln.
Die Marzipanraspeln mit dem Kochlöffel kurz unterrühren.

   Die Masse auf ein befettetes, bemehltes Backblech (30 x 35 cm) streichen.

2. Die Oberfläche mit Kirschen belegen und mit Marzipanraspeln bestreuen.

   Das Blech in die untere Hälfte des vorgeheizten Rohres schieben.

   Strom: **180 Grad**
   Heißluft: 160 Grad
   Gas: Stufe 3
   Backzeit: **ca. 30 Min.**

3. Für die Glasur Staubzucker mit Kompottsaft verrühren und in ein Spritztütchen füllen. Den erkalteten Kuchen damit verzieren und in Stücke geschnitten servieren.

Tipp: Nehmen Sie für das Bechermaß einen Jogurt- oder Schlagobersbecher (1/4 l = 250 ml = 250 g).

Rummel-Kuchen

ZUTATEN

All-in-Kakao-Sandmasse

400 g	glattes Mehl
1/2 Pck.	Dr. Oetker Backpulver
3	Eier
250 g	Zucker
1 Pck.	Dr. Oetker Bourbon-Vanille-Zucker
50 g	gesiebtes Kakaopulver (süß)
200 g	zerlassene Butter
150 ml	Rum

Zum Beträufeln

4 EL	Rum
100 ml	Milch
1 EL	Kakaopulver (süß)

Zum Bestreuen & Verzieren

etwas	Staubzucker
etwas	flüssige Dr. Oetker Vollmilchglasur

ZUBEREITUNG

1. Für die Masse Mehl mit Backpulver vermischen und in eine Rührschüssel sieben. Die übrigen Zutaten der Reihe nach dazugeben und mit dem Handmixer (Schneebesen) glatt rühren.
Die Masse auf ein befettetes Backblech (30 x 35 cm) streichen.

Das Blech in die untere Hälfte des vorgeheizten Rohres schieben.

Strom:	**180 Grad**
Heißluft:	160 Grad
Gas:	Stufe 3
Backzeit:	**ca. 20 Min.**

2. Rum mit Milch und Kakao verrühren. Den noch heißen Kuchen damit beträufeln und erkalten lassen.

3. Den Kuchen mit Staubzucker bestreuen. Die Glasur in ein Spritztütchen geben und den Kuchen damit verzieren.

Vor dem Servieren in Stücke schneiden.

Knusperknause-Kuchen

ZUTATEN

All-in-Sandmasse

250 g		glattes Mehl
2 KL		Dr. Oetker Backpulver
200 g		Zucker
2 Pck.		Dr. Oetker Vanillin-Zucker
1		Prise Salz
4		Eier
1		Messerspitze Zimt
250 g		weiche Butter
200 g		geriebene Nüsse nach Wahl

Apfel-Müsli-Belag

200 g	geschälte, entkernte Äpfel
300 g	Apfelmus
375 g	Dr. Oetker Vitalis Knuspermüsli (= 1 Packung)

Zum Bestreichen

200 g		Apfelmus
1 EL		Zucker
1		Prise Zimt

ZUBEREITUNG

1. Für die Masse Mehl mit Backpulver vermischen und in eine Rührschüssel sieben. Die übrigen Zutaten der Reihe nach dazugeben und mit dem Handmixer (Schneebesen) glatt rühren. Die Masse auf ein befettetes Backblech (30 x 35 cm) streichen.

2. Die Äpfel in Spalten schneiden und auf der Masse verteilen. Apfelmus daraufstreichen und mit Müsli bestreuen.

   Das Blech in die untere Hälfte des vorgeheizten Rohres schieben.

   Strom: **180 Grad**
   Heißluft: 160 Grad
   Gas: Stufe 3
   Backzeit: **ca. 30 Min.**

3. Apfelmus mit Zucker und Zimt verrühren und mit einem Pinsel auf den noch heißen Kuchen streichen.

   Den Knusperknause-Kuchen in Stücke geschnitten servieren.

Kartoffelkuchen à la Brayer

ZUTATEN

Germteig

250 g	glattes Mehl
1 Pck.	Dr. Oetker Germ
40 g	Staubzucker
1 Pck.	Dr. Oetker Vanillin-Zucker
1 Pck.	Dr. Oetker Aroma Finesse Zitronenschale
1	Prise Zimt
2	Eier
1/8 l	lauwarme Milch
50 g	zerlassene Butter
50 g	Rosinen
300 g	gekochte, geschälte mehlige Kartoffeln

Zum Unterrühren

500 g	geschälte, entkernte Birnenhälften

Zum Beträufeln & Bestreuen

etwas	zerlassene Butter
50 g	Zucker
etwas	Zimt

ZUBEREITUNG

1. Für den Teig das Mehl in eine Rühr-schüssel sieben und mit der Germ gut vermischen. Staubzucker, Vanillin-Zucker, Aroma, Zimt, Eier, Milch, Butter und Rosinen dazugeben. Die erkalteten Kartoffeln grob darüberreiben und mit dem Handmixer (Knethaken) zu einem weichen Teig verkneten. Zugedeckt an einem warmen Ort so lange gehen lassen, bis er doppelt so hoch ist.

2. Die Birnen klein schneiden und unter den Teig rühren.

   Den Teig gleichmäßig auf ein befettetes, bemehltes Backblech (30 x 35 cm) streichen.

3. Die Oberfläche mit Butter beträufeln und mit Zucker und Zimt bestreuen. An einem warmen Ort ca. 30 Min. gehen lassen.

   Das Blech in die untere Hälfte des vor-geheizten Rohres schieben.

Strom:	**190 Grad**
Heißluft:	170 Grad
Gas:	Stufe 3 – 4
Backzeit:	**ca. 25 Min.**

Den erkalteten Kuchen in Stücke schneiden.

Zitruskuchen

ZUTATEN

Mürbteig

350 g	glattes Mehl
2 KL	Dr. Oetker Backpulver
125 g	weiche Butter
100 g	Staubzucker
1 Pck.	Dr. Oetker Vanillin-Zucker
2	Eier

Mandelfüllung

300 g	geschälte, geriebene Mandeln
150 g	Zucker
2 Pck.	Dr. Oetker Aroma Finesse Zitronenschale
2 Pck.	Dr. Oetker Aroma Finesse Orangenschale
	Saft von 1 Zitrone
	Saft von 1 Orange

Orangenglasur

100 g	gesiebter Staubzucker
4 EL	Orangensaft

ZUBEREITUNG

1. Für den Teig Mehl mit Backpulver vermischen und in eine Rührschüssel sieben. Die übrigen Zutaten der Reihe nach dazugeben und mit dem Handmixer (Knethaken) zu einem Teig verkneten. In Folie gewickelt ca. 40 Min. kalt stellen.

   Die Hälfte des Teiges auf einer bemehlten Arbeitsfläche oder einem befetteten Backblech (30 x 35 cm) ausrollen.

2. Für die Füllung die Zutaten der Reihe nach in eine Rührschüssel geben, verrühren und auf dem Teig verteilen. Den übrigen Teig auf einer bemehlten Arbeitsfläche rechteckig (30 x 35 cm) ausrollen und auf die Füllung legen.

   Das Blech in die Mitte des vorgeheizten Rohres schieben.

Strom:	**180 Grad**
Heißluft:	160 Grad
Gas:	Stufe 3
Backzeit:	**ca. 28 Min.**

3. Für die Glasur Staubzucker mit Orangensaft glatt rühren und den noch heißen Kuchen damit bestreichen.

   In beliebige Stücke geschnitten servieren.

Fliegengewicht-Kuchen

ZUTATEN

All-in-Sandmasse

300 g	glattes Mehl
2 KL	Dr. Oetker Backpulver
250 g	Staubzucker
1 Pck.	Dr. Oetker Aroma Finesse Zitronenschale
1 EL	Zitronensaft
4	Eier
150 ml	Speiseöl
150 ml	Mineralwasser

Zitronenglasur

150 g	gesiebter Staubzucker
2 EL	Zitronensaft

ZUBEREITUNG

1. Für die Masse Mehl mit Backpulver vermischen und in eine Rührschüssel sieben. Die übrigen Zutaten der Reihe nach dazugeben und mit dem Handmixer (Schneebesen) glatt rühren.
Die Masse auf ein befettetes Backblech (30 x 35 cm) streichen.

   Das Blech in die Mitte des vorgeheizten Rohres schieben.

Strom:	**180 Grad**
Heißluft:	160 Grad
Gas:	Stufe 3
Backzeit:	**ca. 20 Min.**

2. Für die Glasur Staubzucker mit Zitronensaft glatt rühren und den noch warmen Kuchen damit bestreichen.

   Vor dem Servieren in Stücke schneiden.

Sommergelb-Kuchen

ZUTATEN

Sandmasse

250 g		weiche Butter
200 g		Staubzucker
1 Pck.		Dr. Oetker Vanillin-Zucker
2 Pck.		Dr. Oetker Aroma Finesse Zitronenschale
4		Eier
200 g		glattes Mehl
1 KL		Dr. Oetker Backpulver
75 g		Maisstärke

Zitronenglasur

200 g		gesiebter Staubzucker
5 EL		Zitronensaft

ZUBEREITUNG

1. Für die Masse Butter mit Staubzucker, Vanillin-Zucker und Aroma mit dem Handmixer (Schneebesen) schaumig rühren. Die Eier einzeln einrühren. Mehl mit Backpulver und Stärke vermischen, darübersieben und mit dem Kochlöffel unterheben. Die Masse auf ein befettetes Backblech (30 x 35 cm) streichen.

   Das Blech in die Mitte des vorgeheizten Rohres schieben.

   Strom: **180 Grad**
   Heißluft: 160 Grad
   Gas: Stufe 3
   Backzeit: **ca. 22 Min.**

2. Für die Glasur Staubzucker mit Zitronensaft glatt rühren. Den noch warmen Kuchen damit bestreichen und in Stücke geschnitten servieren.

Best of BLECHKUCHEN

Orangensumpf-Kuchen

ZUTATEN

All-in-Pudding-Sandmasse

300 g	glattes Mehl
1 Pck.	Dr. Oetker Puddingpulver Vanille-Geschmack
1 Pck.	Dr. Oetker Backpulver
250 g	Zucker
2 Pck.	Dr. Oetker Vanillin-Zucker
1	Prise Salz
6	Eier
250 g	weiche Butter
2 EL	Milch

Zum Beträufeln

150 ml	Orangensaft
100 ml	Cointreau (Orangenlikör)

Orangenglasur

5 EL	Orangensaft
100 g	gesiebter Staubzucker

Zum Verzieren

einige	Orangen- und Apfelspalten

ZUBEREITUNG

1. Für die Masse Mehl mit Puddingpulver und Backpulver vermischen und in eine Rührschüssel sieben. Die übrigen Zutaten der Reihe nach dazugeben und mit dem Handmixer (Schneebesen) glatt rühren. Die Masse auf ein befettetes Backblech (30 x 35 cm) streichen.

   Das Blech in die Mitte des vorgeheizten Rohres schieben.

Strom:	**180 Grad**
Heißluft:	160 Grad
Gas:	Stufe 3
Backzeit:	**ca. 25 Min.**

2. Orangensaft mit Cointreau verrühren und den noch warmen Kuchen damit gleichmäßig beträufeln.

3. Für die Glasur Orangensaft mit Staubzucker glatt rühren und den erkalteten Kuchen damit glasieren.

4. Den Kuchen mit Orangen- und Apfelspalten verzieren und vor dem Servieren in Stücke schneiden.

Orangenkuchen mit weißer Schoko

ZUTATEN

Sandmasse
250 g		weiche Butter
250 g		Staubzucker
2	Pck.	Dr. Oetker Aroma Finesse Orangenschale
1	Pck.	Dr. Oetker Vanillin-Zucker
4		Eier
250 g		glattes Mehl
1	KL	Dr. Oetker Backpulver

Zum Beträufeln
200 ml		Orangensaft
		Saft von 1 Zitrone
50 g		Zucker
1	Pck.	Dr. Oetker Aroma Finesse Orangenschale
3	EL	Cointreau (Orangenlikör)

Zum Verzieren
etwas	flüssige Dr. Oetker Weiße Schoko-Geschmack-Glasur

ZUBEREITUNG

1. Für die Masse Butter mit Staubzucker, Aroma und Vanillin-Zucker mit dem Handmixer (Schneebesen) schaumig rühren. Die Eier einzeln einrühren. Mehl mit Backpulver vermischen, darübersieben und mit dem Kochlöffel unterheben. Die Masse auf ein befettetes Backblech (30 x 35 cm) streichen.

   Das Blech in die untere Hälfte des vorgeheizten Rohres schieben.

Strom:	**180 Grad**
Heißluft:	160 Grad
Gas:	Stufe 3
Backzeit:	**ca. 25 Min.**

2. Zum Beträufeln alle Zutaten verrühren. In den noch heißen Kuchen mit einem Holzspieß Löcher stechen. Das Orangensaft-Gemisch gleichmäßig mit einem Pinsel auf dem Kuchen verteilen.

3. Die Glasur in ein Spritztütchen geben und den erkalteten Kuchen damit verzieren.

   Den Orangenkuchen in Stücke geschnitten servieren.

Tipp: Den Kuchen mit dünnen Zesten einer unbehandelten Orange dekorieren.

Dalmatiner-Kuchen

ZUTATEN

Kakao-Mürbteig

200 g	glattes Mehl
1 KL	Dr. Oetker Backpulver
2 EL	Kakaopulver (ungesüßt)
100 g	Staubzucker
2 Pck.	Dr. Oetker Vanillin-Zucker
120 g	weiche Butter
1	Ei

Topfenbelag

750 g	Speisetopfen (10 %)
3	Eier
250 g	zerlassene Butter
3	Tropfen Dr. Oetker Aroma Zitrone
200 g	Staubzucker
2 Pck.	Dr. Oetker Puddingpulver Vanille-Geschmack

Mohnbelag

1/8 l	Milch
1 EL	Honig
5	Tropfen Dr. Oetker Aroma Rum
3 EL	Zucker
1	Prise Zimt
100 g	gemahlener Mohn
2 EL	Semmelbrösel

ZUBEREITUNG

1. Für den Teig Mehl mit Backpulver und Kakao vermischen und in eine Rührschüssel sieben. Die übrigen Zutaten der Reihe nach dazugeben und mit dem Handmixer (Knethaken) zu einem Teig verkneten.
In Folie gewickelt ca. 40 Min. kalt stellen.

   Den Teig auf einer bemehlten Arbeitsfläche oder einem befetteten, bemehlten Randblech (30 x 35 cm) ausrollen.

   Das Blech in die Mitte des vorgeheizten Rohres schieben.

Strom:	**180 Grad**
Heißluft:	160 Grad
Gas:	Stufe 3
Backzeit:	**ca. 8 Min.**

2. Für den Topfenbelag die Zutaten der Reihe nach in eine Rührschüssel geben und mit dem Handmixer (Schneebesen) glatt rühren. Den Belag gleichmäßig auf den abgekühlten Mürbteigboden streichen.

3. Für den Mohnbelag Milch mit Honig, Aroma, Zucker und Zimt unter Rühren aufkochen. Mohn und Brösel vermischen und einrühren. Vom Herd nehmen und unter mehrmaligem Umrühren ca. 10 Min. quellen lassen.
Vom Mohnbelag verschieden große Häufchen auf dem Topfenbelag verteilen und etwas flach drücken.

   Das Blech in die untere Hälfte des Rohres schieben.

Strom:	**180 Grad**
Heißluft:	160 Grad
Gas:	Stufe 3
Backzeit:	**ca. 40 Min.**

   Den Kuchen vor dem Servieren in Stücke schneiden.

Schrumpelkuchen

ZUTATEN

Germteig

400 g	Universal-Mehl
1 Pck.	Dr. Oetker Germ
100 g	Staubzucker
5	Tropfen Dr. Oetker Aroma Bittermandel
1	Prise Salz
80 g	zerlassene Butter
200 ml	lauwarme Milch

Marzipan-Mandel-Belag

125 g	weiche Butter
200 g	geriebene Marzipan-rohmasse
150 g	Crème fraîche
3 EL	Zucker
1 Pck.	Dr. Oetker Vanillin-Zucker
5	Tropfen Dr. Oetker Aroma Bittermandel
50 g	Mandelblättchen

ZUBEREITUNG

1. Für den Teig das Mehl in eine Rühr-schüssel sieben und mit der Germ gut vermischen. Die übrigen Zutaten der Reihe nach dazugeben und mit dem Handmixer (Knethaken) zu einem glatten Teig verkneten.
Zugedeckt an einem warmen Ort so lange gehen lassen, bis er doppelt so hoch ist.

   Den Teig nach dem Gehen zusammen-stoßen (flach drücken und von links und rechts zur Mitte hin einschlagen). Auf einer bemehlten Arbeitsfläche oder einem befetteten Backblech (30 x 35 cm) ausrollen. Mit einem Kochlöffelstiel Vertiefungen in den Teig drücken.

2. Für den Belag Butter mit Marzipan glatt rühren und in einen Spritzbeutel mit kleiner Lochtülle füllen. Die Marzipan-masse in die Vertiefungen des Teiges spritzen.
Crème fraîche mit Zucker, Vanillin-Zucker und Aroma verrühren und auf dem Teig verteilen. Die Mandelblättchen darauf streuen. Ca. 20 Min. an einem warmen Ort gehen lassen.

   Das Blech in die untere Hälfte des vor-geheizten Rohres schieben.

Strom:	**200 Grad**
Heißluft:	180 Grad
Gas:	Stufe 4
Backzeit:	**ca. 20 Min.**

Vor dem Servieren in Stücke schneiden.

Mandelmatte

ZUTATEN

All-in-Sandmasse

1/4 l	flüssiges Schlagobers
200 g	Zucker
1 Pck.	Dr. Oetker Vanillin-Zucker
6	Tropfen Dr. Oetker Aroma Bittermandel
3	Eier
250 g	gesiebtes glattes Mehl
1 Pck.	Dr. Oetker Backpulver

Mandelbelag

125 g	Butter
200 g	Zucker
1 Pck.	Dr. Oetker Vanillin-Zucker
4 EL	Milch
200 g	geriebene Mandeln

ZUBEREITUNG

1. Für die Masse alle Zutaten der Reihe nach in eine Rührschüssel geben und mit dem Handmixer (Schneebesen) glatt rühren. Die Masse gleichmäßig auf ein befettetes Backblech (30 x 35 cm) streichen.

   Das Blech in die untere Hälfte des vorgeheizten Rohres schieben.

   Strom: **200 Grad**
   Heißluft: 180 Grad
   Gas: Stufe 4
   Backzeit: **ca. 12 Min.**

2. Für den Belag Butter, Zucker, Vanillin-Zucker und Milch unter Rühren aufkochen. Die Mandeln dazugeben und nochmals unter Rühren aufkochen. Vom Herd nehmen und glatt rühren. Den Belag auf dem noch heißen Kuchen verteilen.

   Das Blech in die Mitte des Rohres schieben.

   Strom: **200 Grad**
   Heißluft: 180 Grad
   Gas: Stufe 4
   Backzeit: **ca. 12 Min.**

   Die Mandelmatte in Stücke geschnitten servieren.

Flinke Mandel-schnitten

ZUTATEN

Biskuitmasse

3	Eier
4 EL	heißes Wasser
120 g	Zucker
1 Pck.	Dr. Oetker Vanillin-Zucker
1 Pck.	Dr. Oetker Aroma Finesse Zitronenschale
100 g	glattes Mehl
1 KL	Dr. Oetker Backpulver
1 Pck.	Dr. Oetker Puddingpulver Vanille-Geschmack

Zum Bestreichen

etwas	passierte Ribisel-marmelade

Moussefüllung

1 Pkg.	Dr. Oetker Mousse à la Vanille
200 ml	Milch
100 ml	flüssiges Schlagobers

Zum Bestreichen & Belegen

etwas	passierte Ribisel-marmelade
einige	geröstete Mandel-blättchen

ZUBEREITUNG

1. Für die Masse Eier mit Wasser, Zucker, Vanillin-Zucker und Aroma mit dem Hand-mixer (Schneebesen) cremig aufschlagen. Mehl mit Backpulver und Puddingpulver vermischen, darübersieben und mit dem Kochlöffel unterheben.
Die Masse auf ein mit Backpapier ausgelegtes Backblech (30 x 35 cm) streichen.

   Das Blech in die untere Hälfte des vor-geheizten Rohres schieben.

Strom:	**200 Grad**
Heißluft:	180 Grad
Gas:	Stufe 4
Backzeit:	**ca. 12 Min.**

2. Das erkaltete Biskuit stürzen und das Backpapier abziehen.
Das Biskuit der Breite nach halbieren und erkalten lassen. Eine Biskuitplatte mit einem Backrahmen umstellen und mit Marmelade bestreichen.

3. Für die Füllung Moussepulver mit Milch und Schlagobers nach Packungsanleitung zubereiten und auf der Marmelade glatt streichen.
Die zweite Biskuitplatte darauflegen und etwas andrücken. Mit Marmelade bestreichen und mit Mandelblättchen bestreuen.
Den Kuchen ca. 3 Std. kalt stellen.

   In Stücke geschnitten servieren.

Muh-Kuchen

ZUTATEN

Sandmasse

5	Eier
150 g	Zucker
150 g	glattes Mehl
70 g	heiße Butter
1 EL	gesiebtes Kakaopulver (ungesüßt)

Karamellcreme

1/4 l	Milch
1/4 l	flüssiges Schlagobers
200 g	Milchkaramellen
1 Pck.	Dr. Oetker Puddingpulver Vanille-Geschmack
1 Pck.	Dr. Oetker Gelatine gemahlen

ZUBEREITUNG

1. Für die Masse Eier mit Zucker mit dem Handmixer (Schneebesen) cremig aufschlagen. Das Mehl darübersieben und mit der Butter mit dem Kochlöffel unterheben.
Die Hälfte der Masse auf ein mit Backpapier ausgelegtes Backblech (30 x 35 cm) streichen.
Die übrige Masse mit Kakao verrühren und als Flecken auf der hellen Masse verteilen.

   Das Blech in die untere Hälfte des vorgeheizten Rohres schieben.

Strom:	**180 Grad**
Heißluft:	160 Grad
Gas:	Stufe 3
Backzeit:	**ca. 20 Min.**

2. Den noch warmen Kuchen der Breite nach halbieren. Eine Kuchenhälfte auf ein Kuchenblech geben. Mit einem Backrahmen umstellen und erkalten lassen.

3. Für die Creme Milch mit Schlagobers, Karamellen und Puddingpulver verrühren und unter Rühren zu einem Pudding kochen. Vom Herd nehmen und unter mehrmaligem Umrühren lauwarm abkühlen lassen.
Die Gelatine nach Packungsanleitung zubereiten und in den warmen Pudding einrühren.
Die Creme auf dem Kuchen verteilen.
Die zweite Kuchenhälfte auf die Creme legen. Etwas andrücken und ca. 2 Std. kalt stellen.

   Den Kuchen vor dem Servieren in Stücke schneiden.

Wach auf-Kuchen

ZUTATEN

All-in-Sandmasse

4	Eier
120 g	Zucker
1/8 l	Speiseöl
1/8 l	Kaffee
4 EL	Löskaffee
1 EL	gesiebtes Kakaopulver (ungesüßt)
1	Fläschchen Dr. Oetker Aroma Rum
150 g	gesiebtes glattes Mehl
2 KL	Dr. Oetker Backpulver
200 g	geröstete, geriebene Haselnüsse

Glasur & zum Verzieren

1	Becher flüssige Dr. Oetker Weiße Schoko-Geschmack-Glasur
2 EL	Haselnuss-Nougat-Creme
etwas	flüssige Dr. Oetker Kakaoglasur

ZUBEREITUNG

1. Für die Masse alle Zutaten der Reihe nach in eine Rührschüssel geben und mit dem Handmixer (Schneebesen) glatt rühren. Die Masse auf ein befettetes Backblech (30 x 35 cm) streichen.

   Das Blech in die Mitte des vorgeheizten Rohres schieben.

Strom:	**180 Grad**
Heißluft:	160 Grad
Gas:	Stufe 3
Backzeit:	**ca. 20 Min.**

2. Die weiße Glasur mit Haselnuss-Nougat-Creme verrühren und auf den erkalteten Kuchen streichen. Die Kakaoglasur in ein Spritztütchen geben und den Kuchen damit verzieren.

   Vor dem Servieren in Stücke schneiden.

Best of BLECHKUCHEN

Flotter Kaffeekuchen

ZUTATEN

All-in-Kaffee-Sandmasse

300 g		glattes Mehl
1 Pck.		Dr. Oetker Backpulver
200 g		Staubzucker
1 Pck.		Dr. Oetker Bourbon-Vanille-Zucker
200 g		geriebene Nüsse nach Wahl
200 g		zerlassene Butter
4		Eier
1/4 l		kalter Kaffee

Zum Verzieren

etwas   flüssige Dr. Oetker Kakaoglasur

ZUBEREITUNG

1. Für die Masse Mehl mit Backpulver vermischen und in eine Rührschüssel sieben. Die übrigen Zutaten der Reihe nach dazugeben und mit dem Handmixer (Schneebesen) glatt rühren.
   Die Masse auf ein befettetes Backblech (30 x 35 cm) streichen.

   Das Blech in die untere Hälfte des vorgeheizten Rohres schieben.

Strom:	**180 Grad**
Heißluft:	160 Grad
Gas:	Stufe 3
Backzeit:	**ca. 25 Min.**

2. Die Glasur in ein Spritztütchen geben und den erkalteten Kuchen damit verzieren.

   In Stücke geschnitten servieren.

Kaffeezelten

ZUTATEN

Gewürz-Sandmasse

125 g	weiche Butter
70 g	Staubzucker
1 Pck.	Dr. Oetker Bourbon-Vanille-Zucker
etwas	Zimt
etwas	Kardamom
etwas	Zeltengewürz (Lebkuchengewürz)
1/2	Fläschchen Dr. Oetker Aroma Rum
1	Prise Salz
3	Eier
250 g	glattes Mehl
1 KL	Dr. Oetker Backpulver
200 g	Zucker
1/4 l	starker Kaffee
150 g	Rum-Rosinen
3 KL	gesiebtes Kakaopulver (ungesüßt)

Zum Bestreuen

etwas	Staubzucker

ZUBEREITUNG

1. Für die Masse Butter mit Staubzucker, Vanille-Zucker, Gewürzen, Aroma und Salz mit dem Handmixer (Schneebesen) schaumig rühren.
Die Eier einzeln einrühren.
Mehl mit Backpulver vermischen, darübersieben und mit dem Kochlöffel unterrühren. Zucker mit Kaffee, Rum-Rosinen und Kakao vermischen und unterheben.
Die Masse auf ein befettetes Backblech (30 x 35 cm) streichen.

   Das Blech in die Mitte des vorgeheizten Rohres schieben.

Strom:	**180 Grad**
Heißluft:	160 Grad
Gas:	Stufe 3
Backzeit:	**ca. 25 Min.**

2. Den erkalteten Kuchen mit Staubzucker bestreuen und in Stücke geschnitten servieren.

Wirbelkuchen

ZUTATEN

Germteig

500 g		glattes Mehl
1 Pck.		Dr. Oetker Germ
50 g		Zucker
1 Pck.		Dr. Oetker Vanillin-Zucker
1		Fläschchen Dr. Oetker Aroma Rum
1		Fläschchen Dr. Oetker Aroma Zitrone
1		Prise Salz
2		Eier
1/8 l		lauwarme Milch
100 g		zerlassene Butter

Puddingfüllung

2 Pck.	Dr. Oetker Puddingpulver Vanille-Geschmack
80 g	Zucker
3/4 l	Milch

Zum Bestreuen

100 g	Rum-Rosinen

Zum Bestreichen

200 g	Marillenmarmelade
4 EL	Wasser

ZUBEREITUNG

1. Für den Teig das Mehl in eine Rühr-schüssel sieben und mit der Germ gut vermischen. Die übrigen Zutaten der Reihe nach dazugeben und mit dem Handmixer (Knethaken) zu einem glatten Teig verkneten.
Zugedeckt an einem warmen Ort so lange gehen lassen, bis er doppelt so hoch ist.

2. Für die Füllung Puddingpulver mit Zucker und Milch unter Rühren zu einem Pudding kochen. Vom Herd nehmen und unter mehrmaligem Umrühren erkalten lassen.

3. Den Teig nach dem Gehen zusammen-stoßen (flach drücken und von links und rechts zur Mitte hin einschlagen). Auf einer bemehlten Arbeitsfläche ca. 1 cm dick ausrollen.
Die Puddingfüllung darauf verteilen und mit Rum-Rosinen bestreuen.
Das Ganze zu einer Roulade einrollen und in ca. 3 cm dicke Scheiben schneiden. Die Scheiben auf ein befettetes Back-blech (30 x 35 cm) schichten und an einem warmen Ort ca. 20 Min. gehen lassen.

   Das Blech in die untere Hälfte des vor-geheizten Rohres schieben.

Strom:	**200 Grad**
Heißluft:	180 Grad
Gas:	Stufe 4
Backzeit:	**ca. 20 Min.**

4. Marmelade mit Wasser unter Rühren aufkochen und den noch heißen Kuchen damit bestreichen.

   In Stücke geschnitten servieren.

TIPP: Für die Rum-Rosinen Rosinen mit 6 EL Rum vermischen und über Nacht stehen lassen.

Erdbeerjogurt-Himmel

ZUTATEN

Wiener Vollkorn-Sandmasse

3	Eier
90 g	Rohrzucker
1 Pck.	Dr. Oetker Bourbon-Vanille-Zucker
100 g	Weizenvollkornmehl
40 g	heiße Butter

Jogurtbelag

500 g	Erdbeerjogurt
50 g	Rohrzucker
1 Pck.	Dr. Oetker Gelatine gemahlen
2 EL	Rum

Zum Verzieren

125 g	Sauerrahm

ZUBEREITUNG

1. Für die Masse Eier mit Zucker und Vanille-Zucker mit dem Handmixer (Schneebesen) cremig aufschlagen. Das Mehl mit einem groben Sieb darübersieben und mit der Butter mit dem Kochlöffel unterheben. Die Masse auf ein befettetes Backblech (30 x 35 cm) streichen.

Das Blech in die untere Hälfte des vorgeheizten Rohres schieben.

Strom:	**200 Grad**
Heißluft:	180 Grad
Gas:	Stufe 4
Backzeit:	**ca. 15 Min.**

2. Für den Belag Jogurt mit Zucker verrühren. Die Gelatine nach Anleitung auf dem Päckchen vorbereiten, mit Rum erwärmen und unterrühren.

Den Kuchenboden mit einem Backrahmen umstellen. Den Belag auf dem Kuchen verteilen und ca. 1 Std. kalt stellen.

3. Den Sauerrahm glatt rühren und den Kuchen damit verzieren.

Den Kuchen vor dem Servieren in Stücke schneiden.

Frühsommer-Blech

ZUTATEN

Germteig

400 g	Universal-Mehl
1 Pck.	Dr. Oetker Germ
70 g	Staubzucker
1 Pck.	Dr. Oetker Bourbon-Vanille-Zucker
1/2	Fläschchen Dr. Oetker Aroma Zitrone
1	Prise Salz
1	Ei
1/4 l	lauwarme Milch
50 g	zerlassene Butter

Rhabarberbelag

500 g	geputzter Rhabarber

Jogurt-Topfen-Grieß-Guss

250 g	Jogurt
250 g	Speisetopfen (10 %)
4 EL	Zitronensaft
100 g	Zucker
100 g	feinster Grieß (Kindergrieß)
4	Dotter
4	Eiklar

Zum Bestreichen & Bestreuen

200 g	Erdbeermarmelade
etwas	Staubzucker
50 g	geröstete Mandelblättchen

ZUBEREITUNG

1. Für den Teig das Mehl in eine Rührschüssel sieben und mit der Germ gut vermischen. Die übrigen Zutaten der Reihe nach dazugeben und mit dem Handmixer (Knethaken) zu einem glatten Teig verkneten.
Zugedeckt an einem warmen Ort so lange gehen lassen, bis er doppelt so hoch ist.

   Den Teig nach dem Gehen zusammenstoßen (flach drücken und von links und rechts zur Mitte hin einschlagen). Auf einer bemehlten Arbeitsfläche oder einem befetteten Backblech (30 x 35 cm) ausrollen.

2. Den Rhabarber beliebig schneiden und auf dem Teig verteilen.

3. Für den Guss Jogurt, Topfen, Zitronensaft, Zucker und Grieß verrühren. Die Dotter unterrühren. Eiklar steif schlagen und mit dem Kochlöffel unterheben. Den Guss auf dem Rhabarber verteilen. An einem warmen Ort ca. 20 Min. gehen lassen.

   Das Blech in die untere Hälfte des vorgeheizten Rohres schieben.

Strom:	**180 Grad**
Heißluft:	160 Grad
Gas:	Stufe 3
Backzeit:	**ca. 25 Min.**

4. Die Marmelade auf den noch heißen Kuchen streichen. Erkaltet mit Staubzucker und Mandelblättchen bestreuen. Das Frühsommer-Blech in Stücke geschnitten servieren.

Liebeskuchen

ZUTATEN

Mürbteig

300 g	glattes Mehl
2 KL	Dr. Oetker Backpulver
100 g	Staubzucker
1 Pck.	Dr. Oetker Vanillin-Zucker
1	Prise Salz
125 g	weiche Butter
1	Ei

Topfenbelag

250 g	weiche Butter
200 g	Staubzucker
	Saft von 1 Zitrone
2 Pck.	Dr. Oetker Aroma Finesse Zitronenschale
4	Eier
200 g	Gervais (Frischkäse)
500 g	Speisetopfen (10 %)
1 Pck.	Dr. Oetker Puddingpulver Vanille-Geschmack

Erdbeerbelag

1 kg	Erdbeeren
2 Pck.	Dr. Oetker Tortengelee rot
50 g	Zucker
1/2 l	Apfelsaft

ZUBEREITUNG

1. Für den Teig Mehl mit Backpulver vermischen und in eine Rührschüssel sieben.
Die übrigen Zutaten der Reihe nach dazugeben und mit dem Handmixer (Knethaken) zu einem Teig verkneten.
In Folie gewickelt ca. 40 Min. kalt stellen.

   Den Teig auf einer bemehlten Arbeitsfläche oder einem befetteten Backblech
(30 x 35 cm) ausrollen.

2. Für den Topfenbelag Butter mit Staubzucker, Zitronensaft, Aroma und Eiern mit
dem Handmixer (Schneebesen) schaumig
rühren. Gervais, Topfen und Puddingpulver dazugeben und unterrühren. Den
Belag auf dem Teig verteilen.

   Das Blech in die untere Hälfte des vorgeheizten Rohres schieben.

Strom:	**180 Grad**
Heißluft:	160 Grad
Gas:	Stufe 3
Backzeit:	**ca. 40 Min.**

3. Den Kuchen mit einem Backrahmen
umstellen und erkalten lassen.

4. Die Erdbeeren beliebig schneiden und auf
dem Kuchen verteilen. Tortengelee mit
Zucker und Apfelsaft – statt Wasser –
nach Anleitung auf den Päckchen zubereiten und auf den Erdbeeren verteilen.

   Den Kuchen vor dem Servieren in Stücke
schneiden.

Erdbeer-Schokofeld

ZUTATEN

Mürbteig
180 g		glattes Mehl
70 g		Hafermark
70 g		Zucker
1 Pck.		Dr. Oetker Vanillin-Zucker
125 g		weiche Butter
1 Pck.		Dr. Oetker Aroma Finesse Zitronenschale
1		Ei
3 EL		Milch
100 g		geriebene Haselnüsse

Zum Bestreichen
100 g	flüssige Zartbitter-schokolade
100 g	flüssige Milchschokolade
100 g	flüssige Margarine

Erdbeerbelag
1 kg	geschnittene Erdbeeren
1/4 l	Apfelsaft
6 EL	Zucker
1 Pck.	Dr. Oetker Tortengelee klar

ZUBEREITUNG

1. Für den Teig alle Zutaten der Reihe nach in eine Rührschüssel geben und mit dem Handmixer (Knethaken) zu einem Teig verkneten.
In Folie gewickelt ca. 40 Min. kalt stellen.

Den Teig auf einer bemehlten Arbeitsfläche oder einem befetteten Backblech (30 x 35 cm) ausrollen.

Das Blech in die Mitte des vorgeheizten Rohres schieben.

Strom:	**180 Grad**
Heißluft:	160 Grad
Gas:	Stufe 3
Backzeit:	**ca. 15 Min.**

2. Die Schokoladen mit Margarine zu glatter Konsistenz verrühren und den erkalteten Kuchenboden damit bestreichen.

3. Die Erdbeeren auf der Schokolade verteilen und ca. 1 Std. kalt stellen.

Apfelsaft mit Zucker und Tortengelee nach Anleitung auf dem Päckchen zubereiten. Die Erdbeeren damit bestreichen und ca. 1/2 Std. kalt stellen.

Den Kuchen vor dem Servieren in Stücke schneiden.

Früchtebeet-Kuchen

ZUTATEN

Sandmasse

250	g	weiche Butter
100	g	Staubzucker
1	Pck.	Dr. Oetker Vanillin-Zucker
100	g	flüssige Zartbitter-kuvertüre
4		Eier
200	g	Universal-Mehl
1/2	Pck.	Dr. Oetker Backpulver

Topfen-Erdbeer-Belag

1	Pkg.	Dr. Oetker Topfen-tortenhilfe
300	g	pürierte Erdbeeren
		Saft von 1 Zitrone
500	g	Speisetopfen (10 %)
100	g	geriebene Schokolade

Zum Bestreuen & Belegen

50	g	geriebene Schokolade
700	g	Obst nach Wahl

Zum Verzieren

100	g	Marzipan
etwas		Kakaopulver (ungesüßt)
etwas		flüssige Dr. Oetker Kakaoglasur
etwas		rosa Marzipan

ZUBEREITUNG

1. Für die Masse Butter mit Staubzucker, Vanillin-Zucker und Kuvertüre mit dem Handmixer (Schneebesen) schaumig rühren. Die Eier einzeln einrühren. Mehl mit Backpulver vermischen, darübersieben und mit dem Kochlöffel unterheben.
Die Masse gleichmäßig auf ein befettetes, bemehltes Backblech (30 x 35 cm) streichen.

   Das Blech in die Mitte des vorgeheizten Rohres schieben.

Strom:	**160 Grad**
Heißluft:	140 Grad
Gas:	Stufe 2
Backzeit:	**ca. 20 Min.**

2. Für den Belag Topfentortenhilfepulver mit Erdbeermark und Zitronensaft mit dem Handmixer (Schneebesen) 2 Min. aufschlagen. Den Topfen einrühren und die Schokolade unterheben. Den Belag gleichmäßig auf den erkalteten Kuchen streichen.

3. Die Schokolade auf den Belag streuen. Den Kuchen streifenweise mit Obst belegen.

4. Marzipan halbieren und zu Kugeln rollen. Tropfenförmig zu Maulwürfen formen und zum Einfärben mit Kakao zwischen den Händen rollen. Die Glasur als Augen auftupfen. Den rosa Marzipan als Nasen ankleben und die Maulwürfe auf den Kuchen setzen.

   Den Kuchen vor dem Servieren in Stücke schneiden.

Marillen-Schichtkuchen

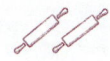

ZUTATEN

Germteig

500 g		glattes Mehl
1 Pck.		Dr. Oetker Germ
100 g		Zucker
1 Pck.		Dr. Oetker Bourbon-Vanille-Zucker
1		Prise Salz
1 Pck.		Dr. Oetker Aroma Finesse Zitronenschale
2		Eier
125 g		zerlassene Butter
200 ml		lauwarme Milch

Marillen-Marzipan-Belag

700 g	abgetropfte Kompott-marillen
300 g	geriebene Marzipan-rohmasse
	Saft von 1 Zitrone

Zum Bestreuen

4 EL	Zimt-Zucker
50 g	Mandelblättchen
50 g	Butterflocken

ZUBEREITUNG

1. Für den Teig das Mehl in eine Rührschüssel sieben und mit der Germ gut vermischen. Die übrigen Zutaten der Reihe nach dazugeben und mit dem Handmixer (Knethaken) zu einem glatten Teig verkneten.
Zugedeckt an einem warmen Ort so lange gehen lassen, bis er doppelt so hoch ist.

   Den Teig nach dem Gehen zusammenstoßen (flach drücken und von links und rechts zur Mitte hin einschlagen). Die Hälfte des Teiges auf einer bemehlten Arbeitsfläche oder einem befetteten Backblech (30 x 35 cm) ausrollen.

2. Für den Belag 1/3 der Marillen pürieren und mit Marzipan und Zitronensaft gut verrühren. Das Ganze auf dem Teig verteilen und die übrigen Marillen darauflegen.

3. Den übrigen Teig auf einer bemehlten Arbeitsfläche rechteckig (30 x 35 cm) ausrollen und auf den Belag geben.
Mit Zimt-Zucker, Mandelblättchen und Butterflocken bestreuen.

   Das Blech in die untere Hälfte des vorgeheizten Rohres schieben.

Strom:	**180 Grad**
Heißluft:	160 Grad
Gas:	Stufe 3
Backzeit:	**ca. 25 Min.**

Den Kuchen vor dem Servieren in Stücke schneiden.

Streuselpolka-Kuchen

ZUTATEN

Haselnuss-Streusel

400 g	gesiebtes glattes Mehl
2 KL	Dr. Oetker Backpulver
200 g	geriebene Haselnüsse
2 Pck.	Dr. Oetker Puddingpulver Vanille-Geschmack
140 g	Zucker
300 g	weiche Butter

Biskuitmasse

4	Eier
2 EL	heißes Wasser
130 g	Zucker
130 g	glattes Mehl
1 Pck.	Dr. Oetker Puddingpulver Vanille-Geschmack
1 KL	Dr. Oetker Backpulver

Pudding-Apfelmus-Belag

1 Pck.	Dr. Oetker Puddingpulver Vanille-Geschmack
50 g	Zucker
400 ml	Milch
500 g	Apfelmus

ZUBEREITUNG

1. Für die Streusel alle Zutaten der Reihe nach in eine Rührschüssel geben und zwischen den Händen zu Streuseln verreiben.
Die Hälfte der Streusel gleichmäßig auf ein befettetes Backblech (30 x 35 cm) streuen und etwas andrücken.

Das Blech in die untere Hälfte des vorgeheizten Rohres schieben.

Strom: **180 Grad**
Heißluft: 160 Grad
Gas: Stufe 3
Backzeit: **ca. 10 Min.**

2. Für die Masse Eier mit Wasser und Zucker cremig aufschlagen. Mehl mit Puddingpulver und Backpulver vermischen, darübersieben und mit dem Kochlöffel unterheben. Die Masse auf den noch warmen Streuselboden streichen.

Das Blech in die Mitte des Rohres schieben

Strom: **180 Grad**
Heißluft: 160 Grad
Gas: Stufe 3
Backzeit: **ca. 10 Min.**

3. Für den Belag Puddingpulver mit Zucker und Milch unter Rühren zu einem Pudding kochen. Pudding und Apfelmus abwechselnd auf dem Biskuit verteilen. Die übrigen Streusel daraufstreuen.

Das Blech nochmals in die Mitte des Rohres schieben.

Strom: **180 Grad**
Heißluft: 160 Grad
Gas: Stufe 3
Backzeit: **ca. 20 Min.**

Sauerkirsch-Kuchen

ZUTATEN

All-in-Topfen-Sandmasse

300 g	Universal-Mehl
2 KL	Dr. Oetker Backpulver
1 EL	Kakaopulver (ungesüßt)
200 g	Zucker
2 Pck.	Dr. Oetker Vanillin-Zucker
1/2	Fläschchen Dr. Oetker Aroma Bittermandel
4	Eier
125 g	Speisetopfen (10 %)
125 g	zerlassene Butter
1/8 l	Milch

Zum Belegen:

720 g	abgetropfte Kompott-sauerkirschen

Zum Bestreichen:

200 g	heiße Kirschenmarmelade
2 EL	Wasser

Zum Verzieren:

50 g	flüssige Zartbitter-kuvertüre

ZUBEREITUNG

1. Für die Masse Mehl mit Backpulver und Kakao vermischen und in eine Rührschüssel sieben. Die übrigen Zutaten der Reihe nach dazugeben und mit dem Handmixer (Schneebesen) glatt rühren. Die Masse auf ein befettetes Backblech (30 x 35 cm) streichen.

2. Die Kirschen darauf verteilen.

   Das Blech in die untere Hälfte des vorgeheizten Rohres schieben.

Strom:	**180 Grad**
Heißluft:	160 Grad
Gas:	Stufe 3
Backzeit:	**ca. 25 Min.**

3. Marmelade mit Wasser verrühren. Den warmen Kuchen damit bestreichen und erkalten lassen.

4. Die Kuvertüre in ein Spritztütchen geben und den Kuchen damit verzieren.

   In Stücke geschnitten servieren.

TRAUMHAFT fruchtig

Raureifkuchen

ZUTATEN

Germteig
250 g		Universal-Mehl
1 Pck.		Dr. Oetker Germ
1		Ei
50 g		Staubzucker
1		Prise Salz
1/2		Fläschchen Dr. Oetker Aroma Zitrone
30 g		weiche Butter
120 ml		lauwarme Milch

Topfenbelag
500 g		Speisetopfen (10 %)
150 g		Crème fraîche
150 g		Zucker
1 KL		Zimt
1 Pck.		Dr. Oetker Puddingpulver Vanille-Geschmack
1 KL		Dr. Oetker Backpulver

Zum Bestreuen
750 g		gemischte Beeren (tiefgekühlt)

Zum Bestreuen
etwas		Staubzucker

ZUBEREITUNG

1. Für den Teig das Mehl in eine Rührschüssel sieben und mit der Germ gut vermischen. Die übrigen Zutaten der Reihe nach dazugeben und mit dem Handmixer (Knethaken) zu einem glatten Teig verkneten.
Zugedeckt an einem warmen Ort so lange gehen lassen, bis er doppelt so hoch ist.

   Den Teig nach dem Gehen zusammenstoßen (flach drücken und von links und rechts zur Mitte hin einschlagen). Auf einer bemehlten Arbeitsfläche oder einem befetteten Backblech (30 x 35 cm) ausrollen und ca. 20 Min. gehen lassen.

2. Für den Belag die Zutaten verrühren und den Belag auf dem Teig verteilen.

3. Die tiefgekühlten Beeren auf den Belag streuen.

   Das Blech in die untere Hälfte des vorgeheizten Rohres schieben.

Strom:	**180 Grad**
Heißluft:	160 Grad
Gas:	Stufe 3
Backzeit:	**ca. 38 Min.**

4. Den erkalteten Kuchen mit Staubzucker bestreuen. Vor dem Servieren in Stücke schneiden.

Beerenmix-Kuchen

ZUTATEN

Vanillepudding zum Vorbereiten

1 Pck.	Dr. Oetker Puddingpulver Vanille-Geschmack
70 g	Zucker
300 ml	Milch

Sandmasse

4	Eier
1 Pck.	Dr. Oetker Aroma Finesse Zitronenschale
120 g	Zucker
120 g	glattes Mehl
60 g	heiße Butter

Pudding-Obers-Creme

5 Stk.	Dr. Oetker Blattgelatine vorbereiteter Vanille-pudding
1/2 l	geschlagenes Schlag-obers

Belag & zum Bestreuen

600 g	gemischte Beeren (tiefgekühlt)
einige	geröstete Mandel-blättchen

Zum Verzieren

ca. 80 g	gesiebter Staubzucker
1 EL	Wasser

ZUBEREITUNG

1. Puddingpulver mit Zucker und Milch unter Rühren zu einem Pudding kochen. Vom Herd nehmen und unter mehrmaligem Umrühren erkalten lassen.

2. Für die Masse Eier mit Aroma und Zucker mit dem Handmixer (Schneebesen) cremig aufschlagen. Das Mehl darüber-sieben und mit der Butter mit dem Koch-löffel unterheben.
Die Masse gleichmäßig auf ein befettetes Backblech (30 x 35 cm) streichen.

Das Blech in die Mitte des vorgeheizten Rohres schieben.

Strom:	**180 Grad**
Heißluft:	160 Grad
Gas:	Stufe 3
Backzeit:	**ca. 15 Min.**

3. Für die Creme die Gelatine nach Packungsanleitung zubereiten und unter den vorbereiteten Pudding rühren. Das Schlagobers unterheben. Die Creme auf den erkalteten Kuchen streichen.

4. Die Beeren auf der Creme verteilen und mit Mandeln bestreuen.

5. Staubzucker mit Wasser zu dickflüssiger Konsistenz glatt rühren. Den Kuchen damit verzieren.

Vor dem Servieren in Stücke schneiden.

Pudding-Beerenkuchen

ZUTATEN

Wiener Masse

5	Eier
180 g	Zucker
1 Pck.	Dr. Oetker Vanillin-Zucker
1 Pck.	Dr. Oetker Aroma Finesse Zitronenschale
200 g	glattes Mehl
70 g	heiße Butter

Pudding-Beerenbelag

1 Pck.	Dr. Oetker Puddingpulver Vanille-Geschmack
3 EL	Zucker
1/2 l	Milch
300 g	Obst nach Wahl

Eischnee

2	Eiklar
80 g	Zucker

Tipp: Das Messer vor dem Schneiden befeuchten, dann lässt sich der gebackene Eischnee auf dem Kuchen am einfachsten schneiden.

ZUBEREITUNG

1. Für die Masse Eier mit Zucker, Vanillin-Zucker und Aroma mit dem Handmixer (Schneebesen) cremig aufschlagen. Das Mehl darübersieben und mit der Butter mit dem Kochlöffel unterheben.
Die Masse gleichmäßig auf ein befettetes Backblech (30 x 35 cm) streichen.

   Das Blech in die Mitte des vorgeheizten Rohres schieben.

Strom:	**180 Grad**
Heißluft:	160 Grad
Gas:	Stufe 3
Backzeit:	**ca. 18 Min.**

2. Für den Belag Puddingpulver mit Zucker und Milch unter Rühren zu einem Pudding kochen. Den heißen Pudding auf den Kuchen streichen.
Das Obst auf dem warmen Pudding verteilen.

3. Für den Eischnee Eiklar aufschlagen, den Zucker nach und nach dazugeben und steif schlagen. Den Eischnee beliebig auf dem Kuchen verteilen.

   Das Blech zum Überbacken nochmals in die Mitte des vorgeheizten Rohres schieben.

Strom:	**200 Grad**
Heißluft:	180 Grad
Gas:	Stufe 4
Flämmzeit:	**auf Sicht (ca. 2 Min.)**

   Den erkalteten Kuchen in Stücke schneiden.

Best of BLECHKUCHEN

Kirschjogurt-Schnitten

ZUTATEN

Sandmasse

4	Eier
100 g	Zucker
1 Pck.	Dr. Oetker Vanillin-Zucker
5	Tropfen Dr. Oetker Aroma Bittermandel
5	Tropfen Dr. Oetker Aroma Zitrone
120 g	glattes Mehl
60 g	zerlassene Butter

Jogurt-Oberscreme

720 g	Kirschjogurt
100 g	Zucker
7 Stk.	Dr. Oetker Blattgelatine
3 EL	Maraschino (Kirschlikör)
1/4 l	geschlagenes Schlagobers

Cornflakes-Cracker

einige	Cornflakes
1/2	Becher flüssige Dr. Oetker Vollmilchglasur

ZUBEREITUNG

1. Für die Masse Eier mit Zucker, Vanillin-Zucker und Aromen mit dem Handmixer (Schneebesen) cremig aufschlagen. Das Mehl darübersieben und mit der Butter mit dem Kochlöffel unterheben.
Die Masse auf ein befettetes Backblech (30 x 35 cm) streichen.

   Das Blech in die untere Hälfte des vorgeheizten Rohres schieben.

Strom:	**200 Grad**
Heißluft:	180 Grad
Gas:	Stufe 4
Backzeit:	**ca. 15 Min.**

2. Für die Creme Jogurt mit Zucker verrühren. Die Gelatine nach Packungsanleitung vorbereiten, mit Likör erwärmen und unterrühren. Das Schlagobers unterheben.
Die Creme auf den erkalteten Kuchen streichen. Den Kuchen ca. 2 Std. kalt stellen.

3. Cornflakes mit Glasur vermischen, kleine Häufchen auf ein Backpapier setzen und erkalten lassen.

   Den Kuchen in Schnitten schneiden und vor dem Servieren mit den Cornflakes-Crackern verzieren.

Himbeer-Saftschnitten

ZUTATEN

All-in-Sandmasse
150 g   gesiebtes glattes Mehl
1 Pck. Dr. Oetker Puddingpulver
        Vanille-Geschmack
1/2 Pck. Dr. Oetker Backpulver
4   Eier
180 g   Zucker
1 Pck. Dr. Oetker Vanillin-Zucker
180 g   sehr weiche Butter

Zum Bestreuen & Belegen
1 Pck. Dr. Oetker Sahnesteif
1 kg   Himbeeren

Himbeer-Obers-Belag
5 Stk. Dr. Oetker Blattgelatine
1/2 l   Himbeersaft
1/2 l   geschlagenes Schlagobers

Zum Verzieren
1/4 l   flüssiges Schlagobers
1 EL   Staubzucker
1 Pck. Dr. Oetker Sahnesteif
einige Himbeeren

ZUBEREITUNG

1. Für die Masse alle Zutaten der Reihe nach in eine Rührschüssel geben und mit dem Handmixer (Schneebesen) glatt rühren. Die Masse auf ein befettetes Backblech (30 x 35 cm) streichen.

   Das Blech in die untere Hälfte des vorgeheizten Rohres schieben.

   Strom: **180 Grad**
   Heißluft: 160 Grad
   Gas: Stufe 3
   Backzeit: **ca. 20 Min.**

2. Den erkalteten Kuchen gleichmäßig mit Sahnesteif bestreuen und mit einem Backrahmen umstellen. Die Himbeeren auf dem Kuchen verteilen.

3. Für den Belag die Gelatine nach Packungsanleitung vorbereiten. Mit 2 EL vom Himbeersaft erwärmen, unter den übrigen Himbeersaft rühren und kalt stellen.
   Das Schlagobers unter den zu gelieren beginnenden Himbeersaft rühren. Den Belag auf den Himbeeren verteilen und glatt streichen.

4. Zum Verzieren Schlagobers mit Staubzucker und Sahnesteif aufschlagen und in einen Spritzbeutel mit mittlerer glatter Tülle füllen. Tupfen auf den Kuchen spritzen und mit Himbeeren verzieren. Den Kuchen kalt stellen.

   Vor dem Servieren in Schnitten schneiden.

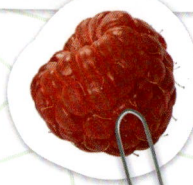

Best of BLECHKUCHEN

Sprudelschnitten

ZUTATEN

All-in-Biskuitmasse
5		Eier
230	g	Zucker
1	Pck.	Dr. Oetker Vanillin-Zucker
1/8	l	Speiseöl
180	ml	Mineralwasser
280	g	gesiebtes glattes Mehl
3	KL	Dr. Oetker Backpulver

Zum Belegen
720	g	abgetropfte Kompott-sauerkirschen

Obers-Crème fraîche-Belag
1/2	l	flüssiges Schlagobers
3	Pck.	Dr. Oetker Vanillin-Zucker
3	Pck.	Dr. Oetker Sahnesteif
250	g	Crème fraîche

Eierlikörguss
1	Pck.	Dr. Oetker Gelatine gemahlen
400	ml	Eierlikör

ZUBEREITUNG

1. Für die Masse alle Zutaten der Reihe nach in eine Rührschüssel geben und mit dem Handmixer (Schneebesen) glatt rühren. Die Masse auf ein befettetes Backblech (30 x 35 cm) streichen.

   Das Blech in die untere Hälfte des vorgeheizten Rohres schieben.

Strom:	**180 Grad**
Heißluft:	160 Grad
Gas:	Stufe 3
Backzeit:	**ca. 20 Min.**

2. Den erkalteten Kuchen mit einem Backrahmen umstellen. Die Kirschen auf dem Kuchen verteilen.

3. Für den Belag Schlagobers mit Vanillin-Zucker und Sahnesteif aufschlagen. Crème fraîche unterrühren. Den Belag auf den Kirschen verteilen, glatt streichen und ca. 1 Std. kalt stellen.

4. Für den Guss die Gelatine nach Anleitung auf dem Päckchen vorbereiten. Mit Eierlikör erwärmen und noch warm auf den Belag streichen.
   Den Kuchen ca. 1 Std. kalt stellen.

   Vor dem Servieren in Schnitten schneiden.

HIMMLISCH cremig

Zarter Pfirsichkuchen

ZUTATEN

All-in-Sandmasse

250	g	glattes Mehl
2	KL	Dr. Oetker Backpulver
200	g	Zucker
1	Pck.	Dr. Oetker Vanillin-Zucker
4		Eier
1/8	l	Speiseöl
150	ml	Mineralwasser

Pfirsich-Obers-Belag

1	kg	abgetropfte Kompott-pfirsiche
1/2	l	flüssiges Schlagobers
250	g	Crème fraîche
3	Pck.	Dr. Oetker Bourbon-Vanille-Zucker
1	EL	Zucker
1	KL	Zimt
5	Stk.	Dr. Oetker Blattgelatine
2	EL	Rum

Zum Bestreuen

etwas   Zimt-Zucker

ZUBEREITUNG

1. Für die Masse Mehl mit Backpulver vermischen und in eine Rührschüssel sieben. Die übrigen Zutaten der Reihe nach dazugeben und mit dem Handmixer (Schneebesen) glatt rühren.
   Die Masse auf ein befettetes Backblech (30 x 35 cm) streichen.

   Das Blech in die Mitte des vorgeheizten Rohres schieben.

   Strom: **180 Grad**
   Heißluft: 160 Grad
   Gas: Stufe 3
   Backzeit: **ca. 20 Min.**

2. Für den Belag 2/3 der Pfirsiche in Stücke schneiden und die übrigen in Spalten. Schlagobers mit Crème fraîche, Vanille-Zucker, Zucker und Zimt aufschlagen. Die Gelatine nach Packungsanleitung vorbereiten, mit Rum erwärmen und einrühren. Die Pfirsichstücke unterheben.

   Den Belag auf den erkalteten Kuchen streichen. Die Pfirsichspalten darauf verteilen und ca. 1 Std. kalt stellen.

3. Den Kuchen vor dem Servieren mit Zimt-Zucker bestreuen und in Stücke schneiden.

Best of BLECHKUCHEN

Pudding-Apfeltraum

ZUTATEN

Mürbteig

150 g	glattes Mehl
1 KL	Dr. Oetker Backpulver
60 g	Staubzucker
1	Ei
70 g	weiche Butter

Pudding-Apfel-Belag

2 Pck.	Dr. Oetker Puddingpulver Vanille-Geschmack
100 g	Zucker
1/2 l	Orangensaft
300 g	geschälte, entkernte, klein geschnittene Äpfel
1/2 l	flüssiges Schlagobers
2 Pck.	Dr. Oetker Vanillin-Zucker
2 Pck.	Dr. Oetker Sahnesteif

Zum Bestreuen

etwas	Kakaopulver (ungesüßt)

ZUBEREITUNG

1. Für den Teig Mehl mit Backpulver vermischen und in eine Rührschüssel sieben. Die übrigen Zutaten der Reihe nach dazugeben und mit dem Handmixer (Knethaken) zu einem Teig verkneten. In Folie gewickelt ca. 40 Min. kalt stellen.

   Den Teig auf einer bemehlten Arbeitsfläche oder einem befetteten Backblech (30 x 35 cm) ausrollen und mit einer Gabel mehrmals einstechen.

   Das Blech in die Mitte des vorgeheizten Rohres schieben.

Strom:	**180 Grad**
Heißluft:	160 Grad
Gas:	Stufe 3
Backzeit:	**ca. 12 Min.**

2. Für den Belag Puddingpulver mit Zucker und Orangensaft – statt Milch – unter Rühren zu einem Pudding kochen und vom Herd nehmen. Die Äpfel unter den warmen Pudding rühren, auf den Mürbteigboden streichen und ca. 1 Std. kalt stellen.

   Schlagobers mit Vanillin-Zucker und Sahnesteif aufschlagen. Auf dem Pudding verteilen und mit dem Messer wellenförmig verstreichen.

3. Den Kuchen mit Kakao leicht bestreuen und kalt stellen. Vor dem Servieren in Stücke schneiden.

Winterfrisch-Kuchen

ZUTATEN

Biskuitmasse

4	Eier
120 g	Zucker
140 g	glattes Mehl
1 KL	Dr. Oetker Backpulver

Zum Beträufeln

etwas   Kompottsaft

Mandarinen-Obers-Belag

8 Stk.	Dr. Oetker Blattgelatine
150 ml	Kompottsaft
3 Pck.	Dr. Oetker Aroma Finesse Orangenschale
1/2 l	flüssiges Schlagobers
125 g	Crème fraîche
80 g	Staubzucker
700 g	abgetropfte Kompottmandarinen

Zum Bestreuen & Verzieren

etwas	Kakaopulver (ungesüßt)
1/4 l	flüssiges Schlagobers
1 EL	Staubzucker
1 Pck.	Dr. Oetker Sahnesteif

ZUBEREITUNG

1. Für die Masse Eier mit Zucker mit dem Handmixer (Schneebesen) cremig aufschlagen. Mehl mit Backpulver vermischen, darübersieben und mit dem Kochlöffel unterheben. Die Masse auf ein befettetes Backblech (30 x 35 cm) streichen.

   Das Blech in die Mitte des vorgeheizten Rohres schieben.

Strom:	**200 Grad**
Heißluft:	180 Grad
Gas:	Stufe 4
Backzeit:	**ca. 12 Min.**

2. Das erkaltete Biskuit auf ein Kuchenblech stürzen und das Backpapier abziehen. Das Biskuit mit Kompottsaft beträufeln.

3. Für den Belag die Gelatine nach Packungsanleitung vorbereiten, mit etwas Kompottsaft erwärmen und unter den übrigen Kompottsaft rühren. Das Aroma unterrühren. Schlagobers mit Crème fraîche und Staubzucker aufschlagen und den zu gelieren beginnenden Kompottsaft einrühren. Die Mandarinen unterheben.

   Den Belag gleichmäßig auf das Biskuit streichen. Mit Kakao beliebig bestreuen und ca. 2 Std. kalt stellen.

4. Zum Verzieren Schlagobers mit Staubzucker und Sahnesteif aufschlagen und in einen Spritzbeutel mit mittlerer glatter Tülle füllen. Beliebige Kugeln auf den Kuchen spritzen und kalt stellen.

   Vor dem Servieren in Stücke schneiden.

Tipp: Die Kugeln zum Verzieren mit einem kleinen Eisportionierer herstellen.

Best of BLECHKUCHEN

Omis Schnitten

ZUTATEN

All-in-Mohn-Sandmasse

250 g	glattes Mehl
1 Pck.	Dr. Oetker Backpulver
180 g	Zucker
4	Eier
250 g	zerlassene Butter
250 g	Sauerrahm
200 g	gemahlener Mohn

Zum Beträufeln

3 EL	Rum

Eierlikörcreme

1 Pkg.	Dr. Oetker Tortencreme
1/8 l	Milch
1/8 l	Eierlikör
250 g	weiche Butter
170 g	gesiebter Staubzucker

Schokoglasur

100 g	flüssige Vollmilch-kuvertüre
100 g	flüssige Zartbitter-kuvertüre
70 g	flüssige Butter

ZUBEREITUNG

1. Für die Masse Mehl mit Backpulver vermischen und in eine Rührschüssel sieben. Die übrigen Zutaten der Reihe nach dazugeben und mit dem Handmixer (Schneebesen) glatt rühren.
Die Masse auf ein befettetes Backblech (30 x 35 cm) streichen.

   Das Blech in die Mitte des vorgeheizten Rohres schieben.

Strom:	**180 Grad**
Heißluft:	160 Grad
Gas:	Stufe 3
Backzeit:	**ca. 25 Min.**

2. Den noch warmen Kuchen mit Rum beträufeln.

3. Für die Creme Tortencremepulver mit Milch, Eierlikör und Butter nach Packungsanleitung zubereiten. Den Staubzucker unterrühren.
Die Creme auf den erkalteten Kuchen streichen und ca. 1 Std. kalt stellen.

4. Für die Glasur die Kuvertüren mit Butter zu glatter Konsistenz verrühren. Unter mehrmaligem Umrühren auf ca. 28 Grad (Lippenprobe) abkühlen lassen und auf der Creme verteilen. Den Kuchen kalt stellen.

   Vor dem Servieren in Schnitten schneiden.

Moussewellen

ZUTATEN

Sandmasse

250 g		weiche Butter
150 g		Staubzucker
1	Pck.	Dr. Oetker Vanillin-Zucker
1		Prise Salz
5		Eier
350 g		glattes Mehl
2	KL	Dr. Oetker Backpulver
30 g		Kakaopulver (ungesüßt)

Kirschbelag

360 g   abgetropfte Kompott-
sauerkirschen

Moussecreme

2	Pkg.	Dr. Oetker Mousse à la Vanille
1/4 l		flüssiges Schlagobers
200 ml		Milch

Schokoglasur

250 g   klein geschnittene
Kochschokolade
100 g   Margarine

ZUBEREITUNG

1. Für die Masse Butter mit Staubzucker, Vanillin-Zucker und Salz mit dem Handmixer (Schneebesen) cremig rühren. Die Eier einzeln einrühren.
Mehl mit Backpulver und Kakao vermischen, darübersieben und mit dem Kochlöffel unterheben.
Die Masse auf ein befettetes Backblech (30 x 35 cm) streichen.

2. Die Kirschen darauf verteilen.

   Das Blech in die untere Hälfte des vorgeheizten Rohres schieben.

   Strom: **180 Grad**
   Heißluft: 160 Grad
   Gas: Stufe 3
   Backzeit: **ca. 30 Min.**

3. Für die Creme Moussepulver mit Schlagobers und Milch nach Packungsanleitung zubereiten. Auf den erkalteten Kuchen streichen und ca. 1 Std. kalt stellen.

4. Für die Glasur Schokolade mit Margarine zu glatter Konsistenz erwärmen. Unter mehrmaligem Umrühren abkühlen lassen und auf der Creme verteilen.

   Die Moussewellen kalt stellen und in Stücke geschnitten servieren.

Nilpferde

ZUTATEN

Sandmasse

180 g		weiche Butter
240 g		Staubzucker
1 Pck.		Dr. Oetker Vanillin-Zucker
6		Dotter
160 g		erweichte Koch-schokolade
90 g		glattes Mehl
120 g		fein geriebene Wal- oder Haselnüsse
4		Eiklar

Kokoscreme

300 g		weiche Butter
400 g		Staubzucker
2 Pck.		Dr. Oetker Vanillin-Zucker
1/8 l		lauwarmer Trinkkakao
1/8 l		Rum
300 g		Kokosette

ZUBEREITUNG

1. Für die Masse Butter mit Staubzucker und Vanillin-Zucker mit dem Handmixer (Schneebesen) cremig rühren. Die Dotter einzeln einrühren. Die Schokolade unterrühren.
Das Mehl darübersieben und mit den Nüssen mit dem Kochlöffel einrühren. Eiklar steif schlagen und unterheben. Die Masse auf ein mit Backpapier ausgelegtes Backblech (30 x 35 cm) streichen.

Das Blech in die Mitte des vorgeheizten Rohres schieben.

Strom:	**180 Grad**
Heißluft:	160 Grad
Gas:	Stufe 3
Backzeit:	**ca. 25 Min.**

Den erkalteten Kuchen auf ein Kuchen-blech stürzen und das Backpapier abziehen.

2. Für die Creme die Butter mit dem Hand-mixer (Schneebesen) schaumig rühren. Staubzucker und Vanillin-Zucker nach und nach dazugeben. Kakao und Rum mit dem Kochlöffel unterrühren. Das Kokosette einrühren.
Die Creme in einen Spritzbeutel mit großer Lochtülle füllen und auf den Kuchen spritzen.

3. Den Kuchen kalt stellen und vor dem Servieren in Stücke schneiden.

HIMMLISCH **cremig**

Kokosmatten-Kuchen

ZUTATEN

All-in-Sandmasse

200 g		weiche Butter
200 g		Staubzucker
1	Pck.	Dr. Oetker Vanillin-Zucker
4		Eier
150 g		gesiebtes glattes Mehl
1/2	Pck.	Dr. Oetker Backpulver
50 g		Maisstärke
1	EL	gesiebtes Kakaopulver (ungesüßt)

Pudding-Obers-Creme

1	Pck.	Dr. Oetker Puddingpulver Vanille-Geschmack
70 g		Zucker
1/2	l	Milch
5	Stk.	Dr. Oetker Blattgelatine
1/4	l	geschlagenes Schlagobers

Zum Bestreuen

80 g	Butter
100 g	Zucker
200 g	Kokosette

ZUBEREITUNG

1. Für die Masse die Zutaten der Reihe nach in eine Rührschüssel geben und mit dem Handmixer (Schneebesen) glatt rühren. Die Masse auf ein befettetes Backblech (30 x 35 cm) streichen.

   Das Blech in die untere Hälfte des vorgeheizten Rohres schieben.

Strom:	**180 Grad**
Heißluft:	160 Grad
Gas:	Stufe 3
Backzeit:	**ca. 20 Min.**

2. Für die Creme Puddingpulver mit Zucker und Milch unter Rühren zu einem Pudding kochen. Die Gelatine nach Packungsanleitung zubereiten und unter den noch heißen Pudding rühren. Unter mehrmaligem Umrühren bis zur beginnenden Gelierung erkalten lassen.
   Das Schlagobers unterheben.
   Die Creme auf den erkalteten Kuchen streichen und ca. 1 Std. kalt stellen.

3. Butter mit Zucker erhitzen, Kokosette dazugeben und unter Rühren hellbraun rösten. Das Ganze auf einem Backpapier verteilen und erkalten lassen.
   Den Kuchen damit bestreuen und in Stücke geschnitten servieren.

Minzkuchen
Titelrezept

ZUTATEN

Sandmasse

350 g	weiche Butter
250 g	Zucker
1 Pck.	Dr. Oetker Vanillin-Zucker
1	Prise Salz
6	Eier
250 g	glattes Mehl
50 g	Maisstärke
30 g	Kakaopulver (ungesüßt)
1 Pck.	Dr. Oetker Backpulver
200 g	klein geschnittene Pfefferminzschokolade

Obers-Minz-Belag

1/2 l	flüssiges Schlagobers
2 Pck.	Dr. Oetker Vanillin-Zucker
3 Pck.	Dr. Oetker Sahnesteif
100 g	klein geschnittene Pfefferminzschokolade

Zum Verzieren

einige	frische Minzeblätter
etwas	in Stücke geschnittene Pfefferminzschokolade

ZUBEREITUNG

1. Für die Masse Butter mit Zucker, Vanillin-Zucker und Salz mit dem Handmixer (Schneebesen) schaumig rühren.
Die Eier einzeln einrühren.
Mehl mit Stärke, Kakao und Backpulver vermischen, darübersieben und mit den Schokostücken mit dem Kochlöffel unterheben.
Die Masse auf ein befettetes Backblech (30 x 35 cm) streichen.

Das Blech in die untere Hälfte des vorgeheizten Rohres schieben.

Strom: **170 Grad**
Heißluft: 150 Grad
Gas: Stufe 2 – 3
Backzeit: **ca. 25 Min.**

2. Für den Belag Schlagobers mit Vanillin-Zucker und Sahnesteif nicht zu fest aufschlagen. Die Schokostücke unterheben. Den Belag wellenförmig auf den erkalteten Kuchen streichen.

3. Den Kuchen mit Minzeblättern und Schokostücken verzieren und kalt stellen. Vor dem Servieren in Stücke schneiden.

VIP-Schnitten

ZUTATEN

Karamellcreme zum Vorbereiten

200 g	klein geschnittene weiße Schokolade
80 g	Milchkaramellen
1/2 l	flüssiges Schlagobers

Germteig

400 g	glattes Mehl
1 Pck.	Dr. Oetker Germ
1	Prise Zimt
1/8 l	lauwarme Milch
125 g	weiche Butter
50 g	Zucker
1	Prise Salz
2	Eier

Karamellbelag

100 g	Milchkaramellen
125 g	Butter
100 g	Zucker
1 EL	Honig
3 EL	Milch
200 g	Mandelblättchen

ZUBEREITUNG

1. Für die Creme Schokolade mit Karamellen und Schlagobers unter Rühren zum Kochen bringen. So lange kochen lassen, bis Schokolade und Karamellen vollständig aufgelöst sind. Vom Herd nehmen und **über Nacht kalt stellen.**

2. Für den Teig das Mehl in eine Rührschüssel sieben und mit der Germ gut vermischen. Die übrigen Zutaten der Reihe nach dazugeben und mit dem Handmixer (Knethaken) zu einem glatten Teig verkneten.
Zugedeckt an einem warmen Ort so lange gehen lassen, bis er doppelt so hoch ist.

   Den Teig nach dem Gehen zusammenstoßen (flach drücken und von links und rechts zur Mitte hin einschlagen). Auf einer bemehlten Arbeitsfläche oder einem befetteten Randblech (30 x 35 cm) ausrollen.

3. Für den Belag die Zutaten unter Rühren zu streichfähiger Konsistenz erwärmen. Den lauwarmen Belag auf dem Teig verteilen. An einem warmen Ort ca. 20 Min. gehen lassen.

   Das Blech in die untere Hälfte des vorgeheizten Rohres schieben.

Strom:	**200 Grad**
Heißluft:	180 Grad
Gas:	Stufe 4
Backzeit:	**ca. 15 Min.**

Den noch warmen Kuchen vierteln.

Best of BLECHKUCHEN

4. Die erkalteten Kuchenstücke 1-mal waag-recht durchschneiden. Die Oberteile in Stücke schneiden.

Die vorbereitete Creme mit dem Hand-mixer (Schneebesen) aufschlagen und auf die 4 Kuchenteile ohne Belag streichen.

Mit den geschnittenen Kuchen-oberteilen belegen. Den Kuchen ca. 2 Std. kalt stellen.

Den Kuchen vor dem Servieren fertig schneiden.

HIMMLISCH *cremig*

Sonnenstrahlen-Kuchen

glutenfrei

ZUTATEN

Sandmasse

200 g		weiche Butter
200 g		Staubzucker
1	Pck.	Dr. Oetker Vanillin-Zucker
1		Fläschchen Dr. Oetker Aroma Rum
6		Dotter
300 g		geröstete, geriebene Haselnüsse
1	KL	Dr. Oetker Backpulver
100 g		geriebene Zartbitter-schokolade
6		Eiklar

Zum Bestreichen

450 g		Preiselbeermarmelade

Eierlikör-Obers-Belag

1/2 l		flüssiges Schlagobers
1	Pck.	Dr. Oetker Bourbon-Vanille-Zucker
1	EL	Staubzucker
3	EL	Eierlikör
2	Pck.	Dr. Oetker Sahnesteif

Zum Verzieren

6	EL	Eierlikör
1	Pck.	Dr. Oetker Tortengelee klar

ZUBEREITUNG

1. Für die Masse Butter mit Staubzucker, Vanillin-Zucker und Aroma mit dem Hand-mixer (Schneebesen) schaumig rühren. Die Dotter einzeln einrühren.
   Haselnüsse mit Backpulver vermischen und mit der Schokolade mit dem Koch-löffel unterrühren. Eiklar steif schlagen und unterheben.
   Die Masse auf ein befettetes Backblech (30 x 35 cm) streichen.

   Das Blech in die untere Hälfte des vor-geheizten Rohres schieben.

Strom:	**180 Grad**
Heißluft:	160 Grad
Gas:	Stufe 3
Backzeit:	**ca. 30 Min.**

2. Die Marmelade unter mehrmaligem Umrühren aufkochen, auf den noch warmen Kuchen streichen und erkalten lassen.

3. Für den Belag Schlagobers mit Vanille-Zucker, Staubzucker, Eierlikör und Sahnesteif nicht zu fest aufschlagen. Den Belag wellenförmig auf den Kuchen streichen.

4. Eierlikör mit Tortengeleepulver verrühren und ca. 10 Min. quellen lassen. In ein Spritztütchen geben und den Kuchen damit verzieren.

   In Stücke geschnitten servieren.

Schokowellen

ZUTATEN

Spezial-Biskuitmasse

4		Eier
120 g		Zucker
1 Pck.		Dr. Oetker Vanillin-Zucker
120 g		glattes Mehl
1 EL		Kakaopulver (ungesüßt)
100 g		flüssige Zartbitter-kuvertüre

Schokocreme

1 Pkg.		Dr. Oetker Tortencreme
1/4 l		Milch
100 g		flüssige Vollmilch-kuvertüre
50 g		flüssige Zartbitter-kuvertüre
250 g		weiche Butter

Zum Bestreuen

etwas   gesiebtes Kakaopulver (ungesüßt)

ZUBEREITUNG

1. Für die Masse Eier mit Zucker und Vanillin-Zucker mit dem Handmixer (Schneebesen) cremig aufschlagen. Mehl mit Kakao vermischen, darübersieben und mit Kuvertüre mit dem Kochlöffel unterheben.
Die Masse auf ein befettetes Backblech (30 x 35 cm) streichen.

Das Blech in die Mitte des vorgeheizten Rohres schieben.

Strom:	**200 Grad**
Heißluft:	180 Grad
Gas:	Stufe 4
Backzeit:	**ca. 15 Min.**

2. Für die Creme Tortencremepulver mit Milch nach Packungsanleitung zubereiten. Kuvertüren und Butter dazugeben und mit dem Handmixer (Schneebesen) schaumig rühren.
Die Creme auf den erkalteten Kuchen streichen und mit einer Zackenteigkarte ein Muster ziehen.

3. Den Kuchen kalt stellen. Vor dem Servieren mit Kakao bestreuen und in Stücke schneiden.

Alphabetisches Rezeptregister

E: Eiklarverwertung
Do: Dotterverwertung
G: glutenfrei

www.oetker.at

Der Dr. Oetker Online-Shop – rund um die Uhr für Sie da!

Hier werden Sie laufend über Neuheiten informiert und können jederzeit einfach und bequem bestellen:

- Bücher
- Rezepthefte & Kalender
- Geschenk-Ideen
- Backformen, Ausstecher & Praktisches
- Apps

Unser Service: **Keine Versand- kosten!**